빛깔있는 책들 101-2

유기

글, 사진 / 홍정실

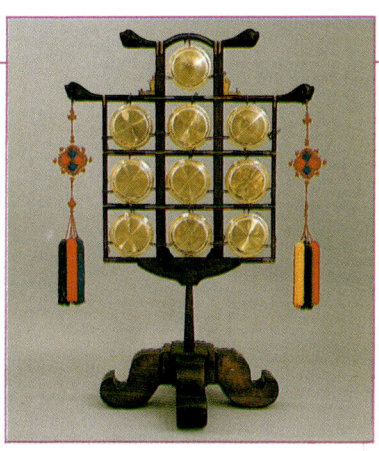

대원사

홍정실 ──────

서울여자대학과 서울대학교 대학원 공예학과를 졸업했으며, 대한민국 공예대전 심사위원을 역임했다. 원광대학교 미술대학 금속공예과 조교수로 있다.

도움 주신 분 ──────

김근수, 이봉주, 윤재덕, 황혜성, 이회재, 문공부 문화재관리국, 국립민속박물관, 용인민속촌, 고려대학교 박물관, 연세대학교 박물관, 국립중앙박물관, 인사동 고보당, 동국당

유기

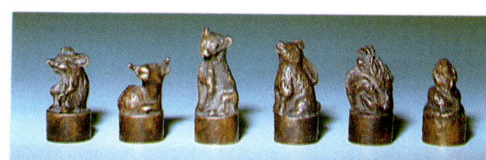

사진으로 보는 유기

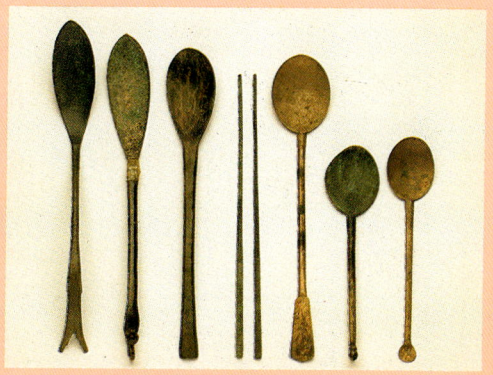

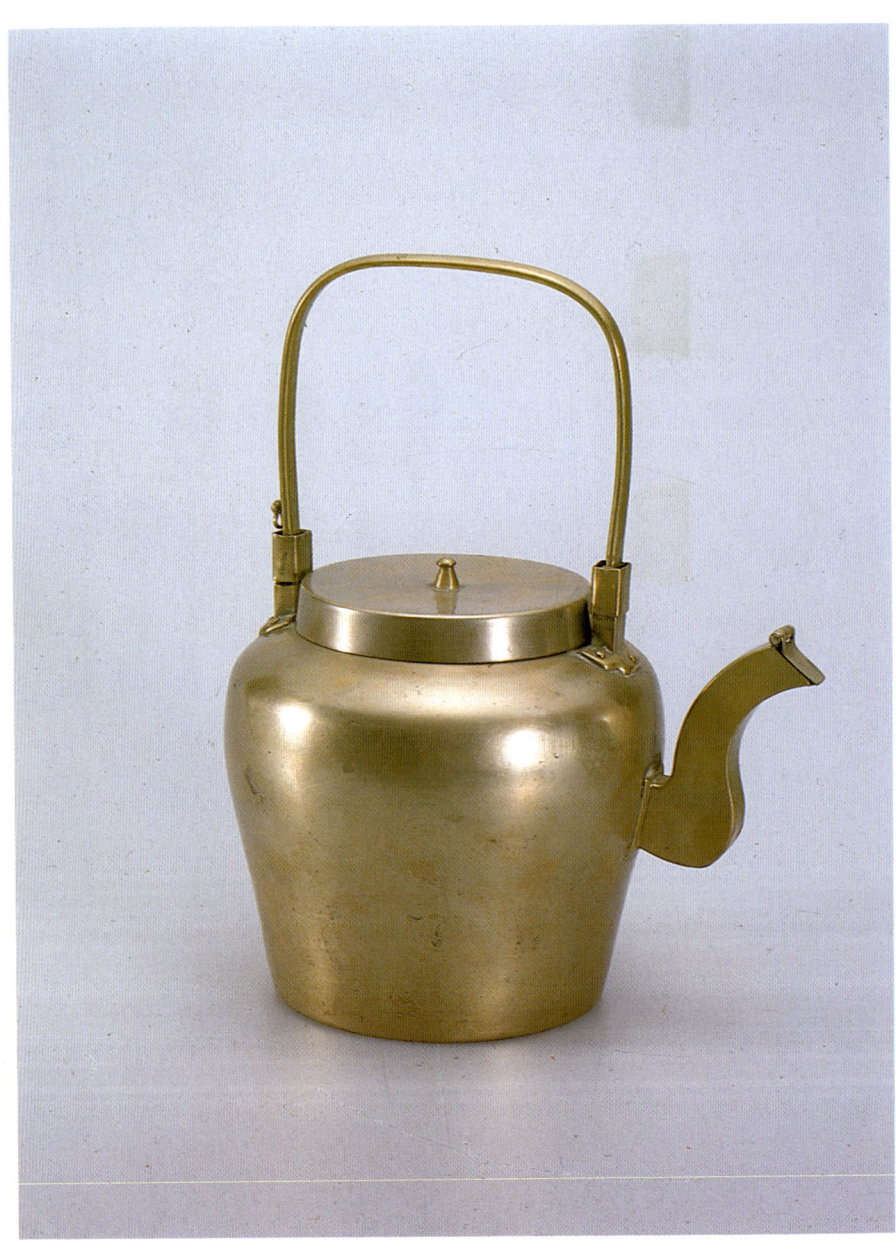

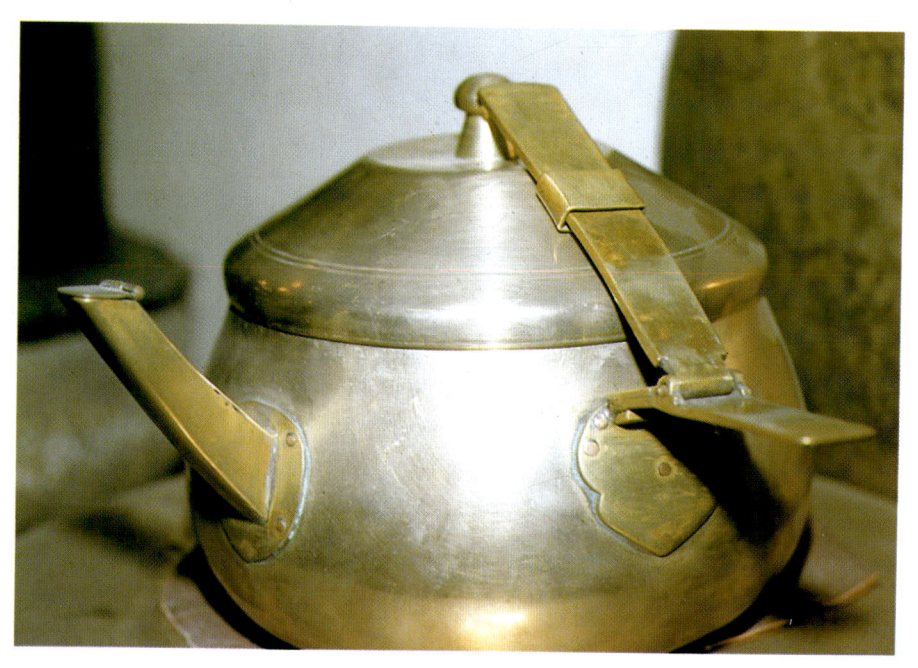

주전자 조선시대, 홍정실 소장(왼쪽)
약탕기 지름 20센티미터, 높이 16센티미터, 조선시대, 이희재 소장(오른쪽)

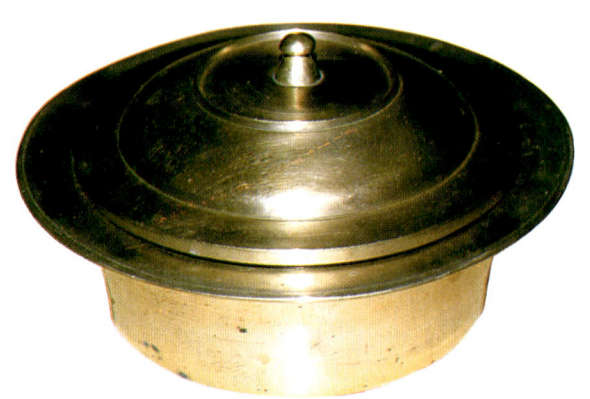

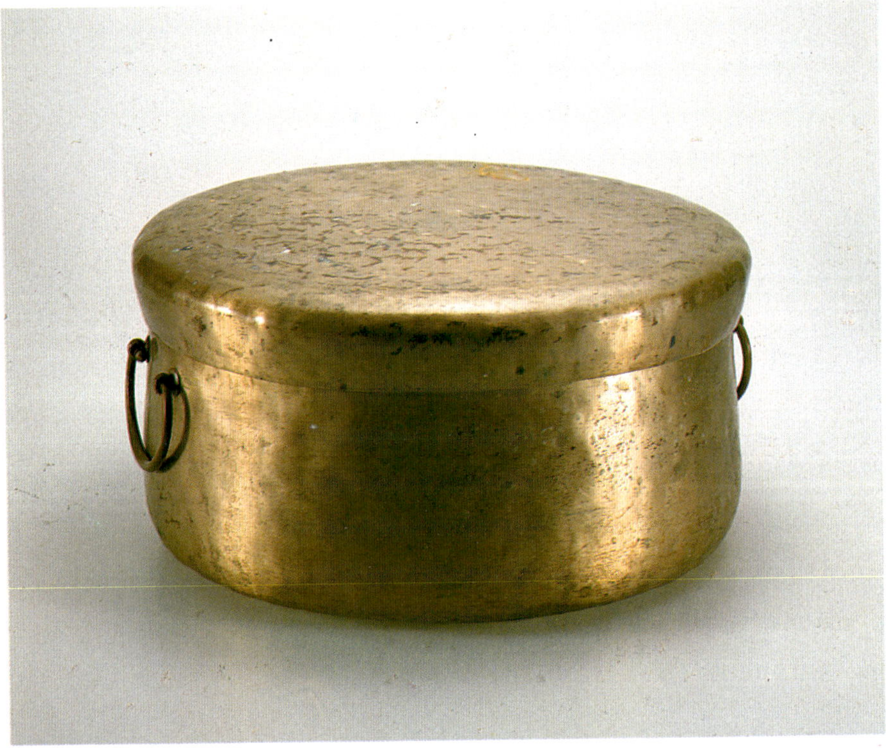

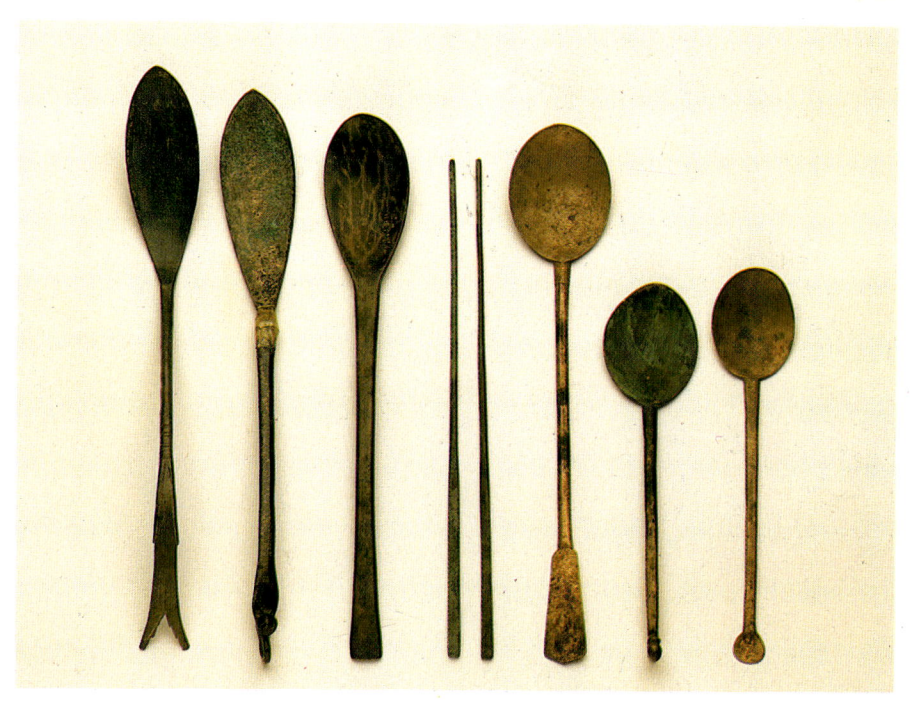

새옹   놋쇠로 만든 작은 솥으로 배가 부르지 않고 바닥이 편편하며 전과 뚜껑이 있다.
　흔히 새옹에 지은 밥은 새옹째 가져다가 상에 놓고 먹었다. 조선시대, 국립민속박물
　관(왼쪽 위)
밥통   조선 말기, 홍정실 소장(왼쪽 아래)
숟가락과 젓가락   고려·조선시대, 이봉주 소장(오른쪽)

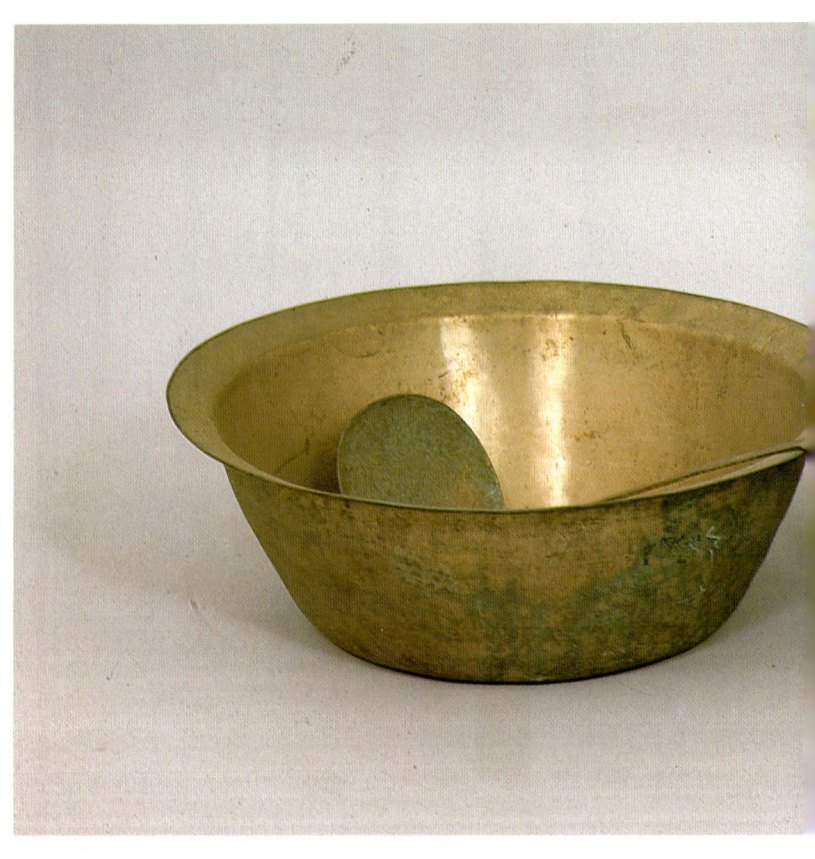

양푼과 버치 음식을 담거나 데울 때 쓰는 양푼은 운두가 얕고 바닥이 편편한 모양이며
버치는 운두가 조금 더 높은 것이다. 조선 말기, 이봉주 소장

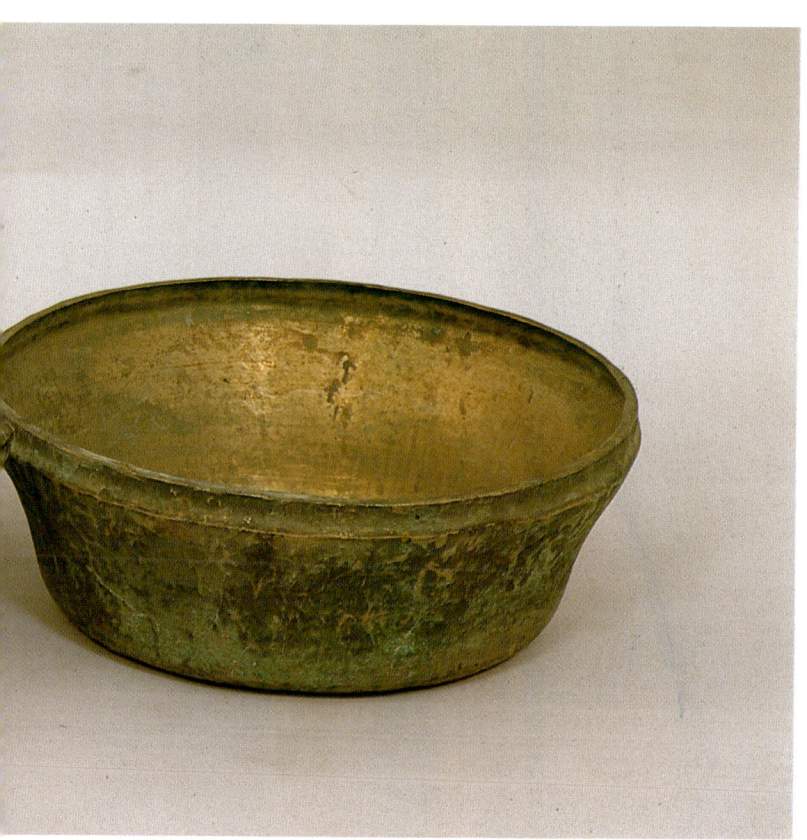

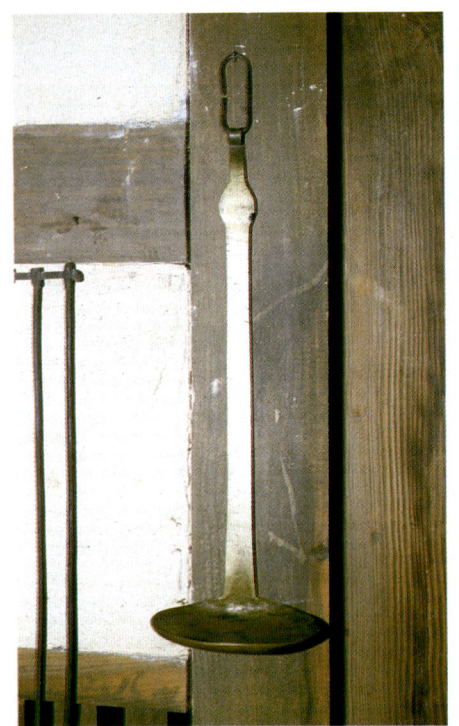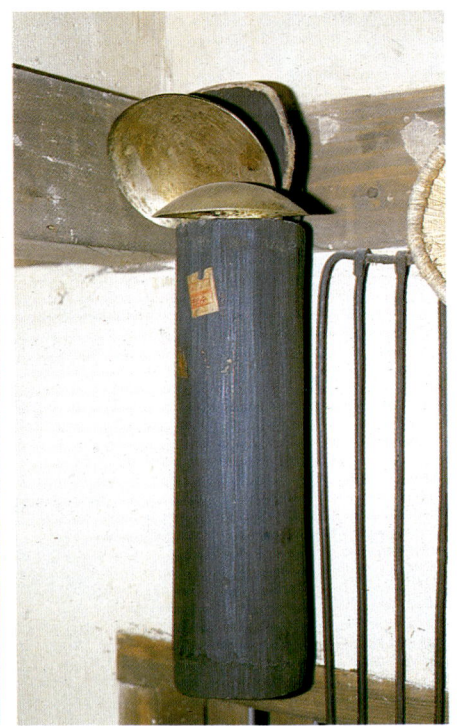

복자 국이나 물을 뜰 때 쓰이는 기구로 국자 또는 구기라고도 한다. 조선 말기, 국립민
속박물관(왼쪽)
주걱 밥을 푸거나 죽을 쑬 때 또는 장을 담글 때 젓는 용도로 쓴다. 조선 말기, 국립민
속박물관(오른쪽)

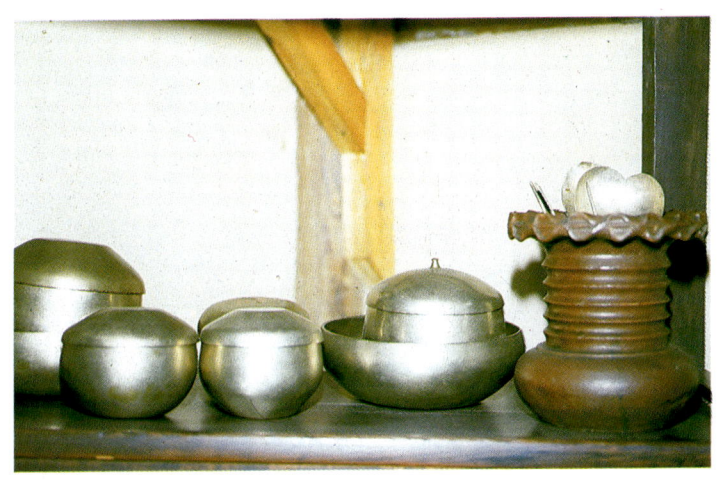

찬탁 위의 놋그릇과 수저통 식기류를 올려 놓고 보관하는 찬탁에는 식구 수만큼의
밥그릇이 있기 마련이다. 조선 말기, 국립민속박물관

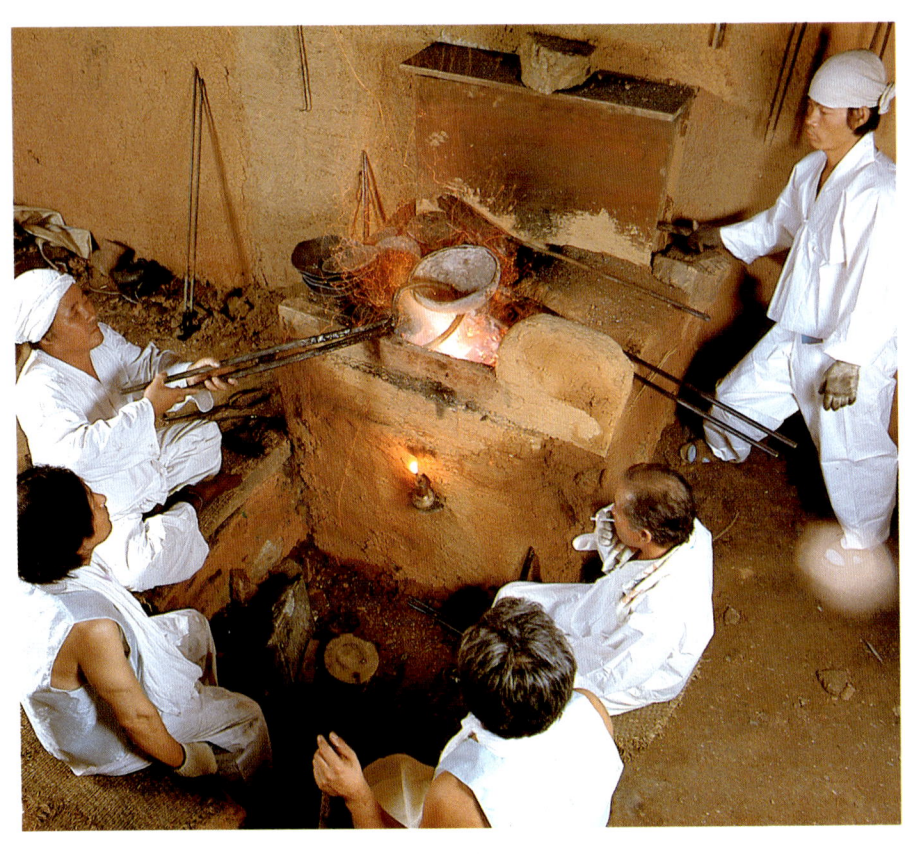

방짜 유기 제작 광경 화덕을 중심으로 왼쪽부터 원대장, 센망치, 곁망치, 앞망치, 안풍구의 순이다. 원대장이 네핌질한 바둑을 불에 달구고 있고 그 오른쪽에 센망치, 곁망치, 앞망치가 모루를 중심으로 앉아 쇠가 달구어지기를 기다리고 있고 안풍구는 불길이 좋도록 풍구질을 하고 있다.

14

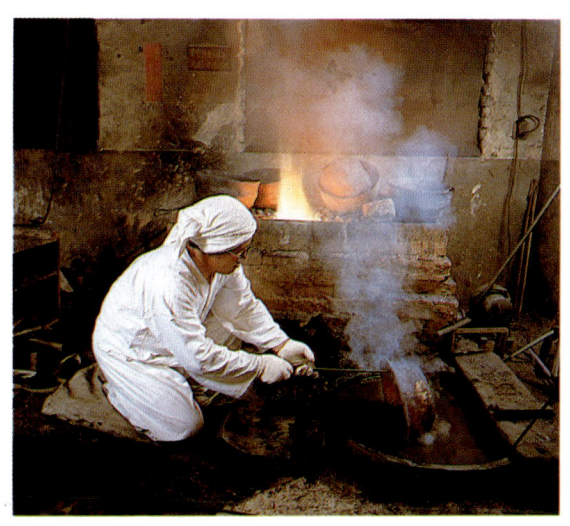

담금질　제질이 끝나 원하는 모양과 형태가 만들어지면 불에 달구어 재빨리 찬물에
담그게 되는데 이 작업을 담금질이라 한다. 이 작업은 달군 쇠의 강약의 질을 잡고
경도를 높여 주기 위한 것이다.

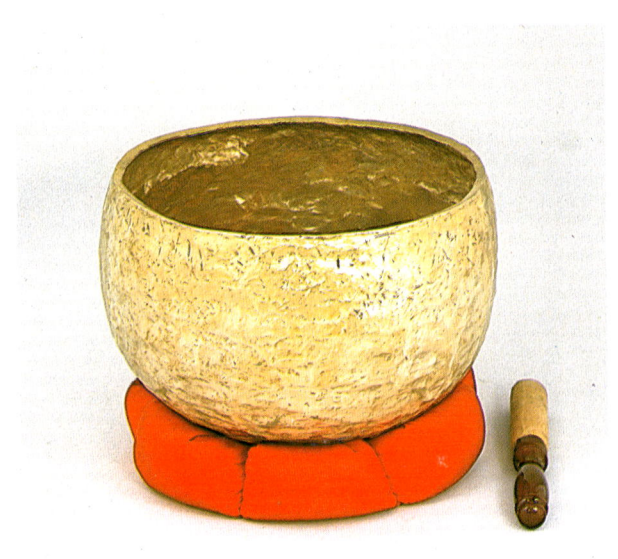

좌종(坐鐘) 유기장 이봉주 제작

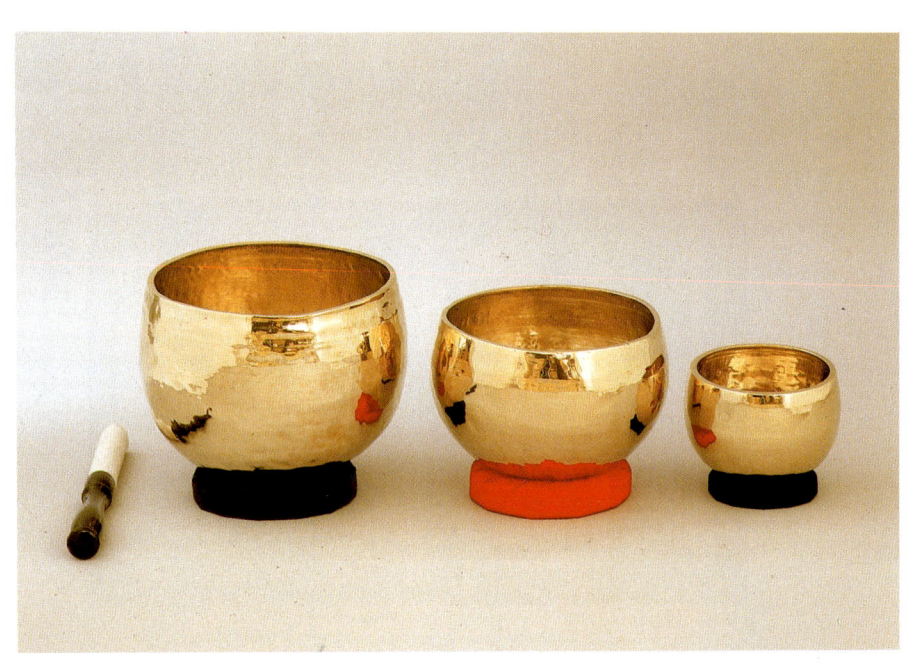

방짜 좌종(대 중 소) 유기장 이봉주 제작

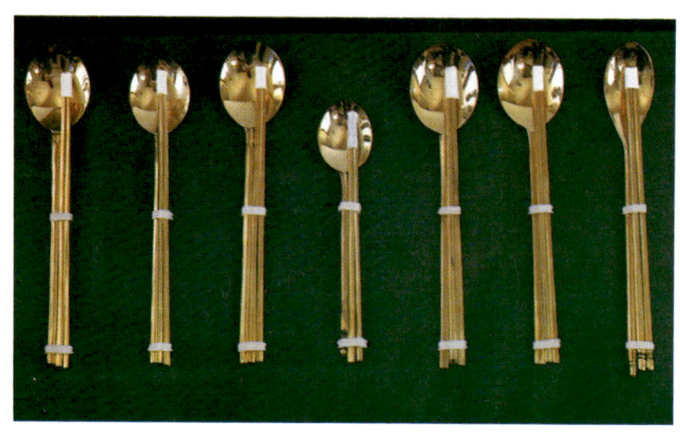

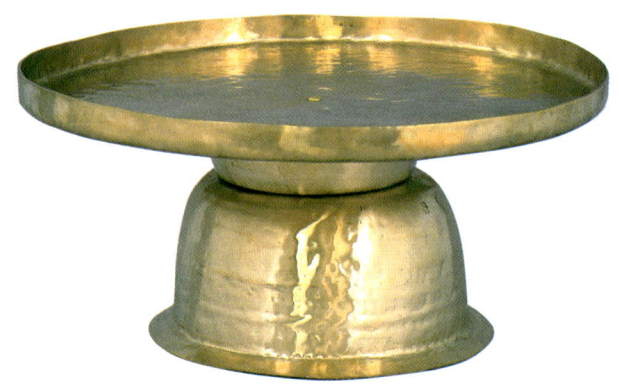

방짜 수저　유기장 윤재덕 제작(위)
방짜 놋상　유기장 이봉주 제작(아래)

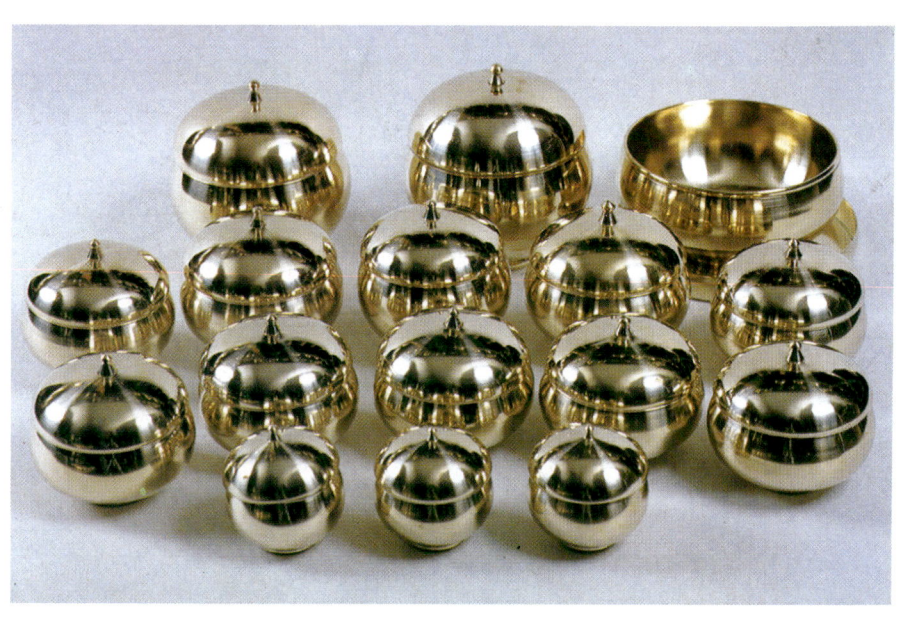

옥바리 그릇 유기장 김근수 제작

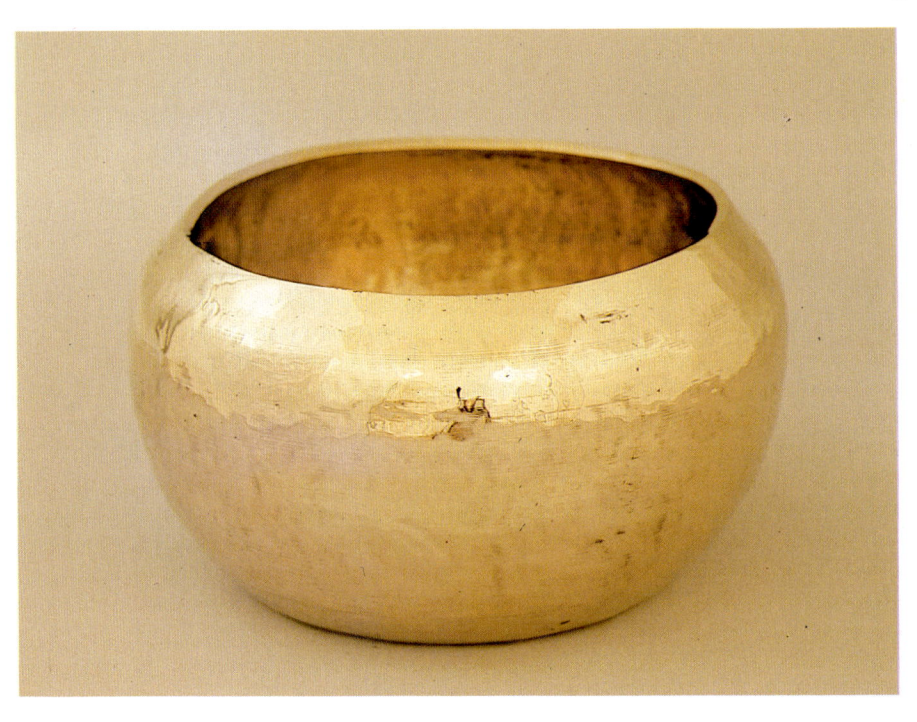

물항아리 유기장 이봉주 제작

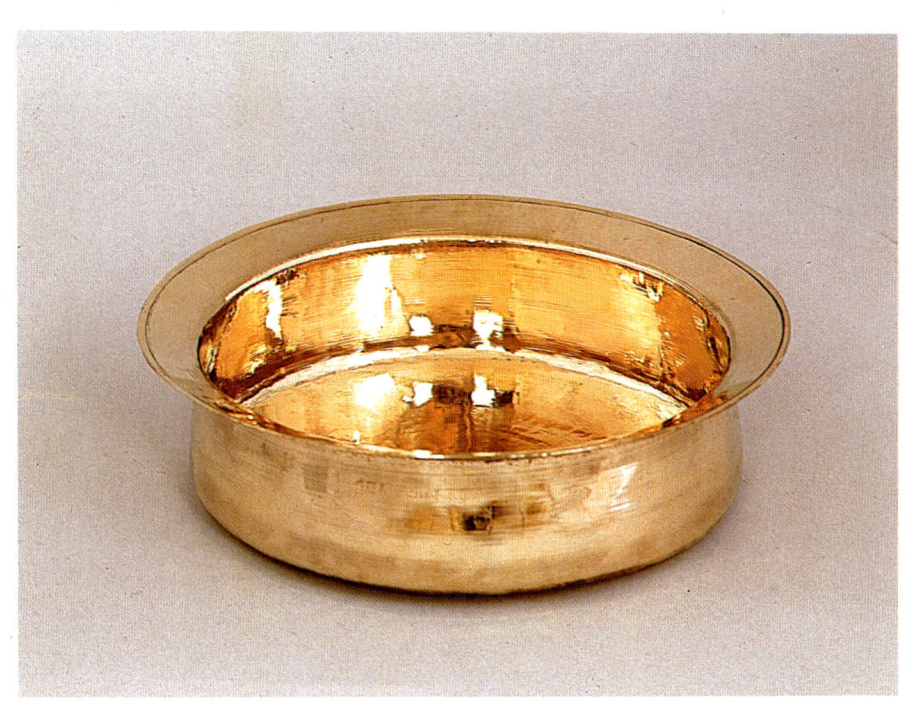

대야 유기장 이봉주 제작

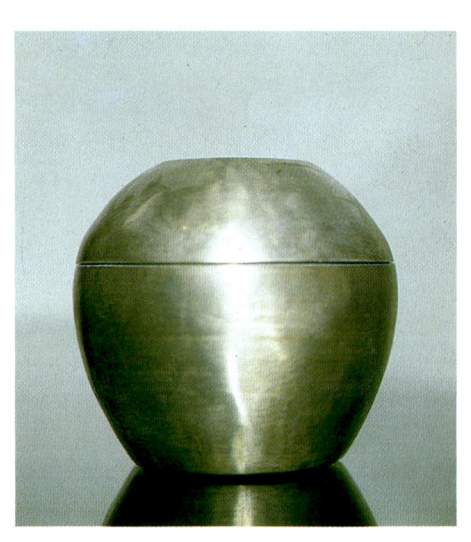

향합(香盒)　조선시대, 이희재 소장

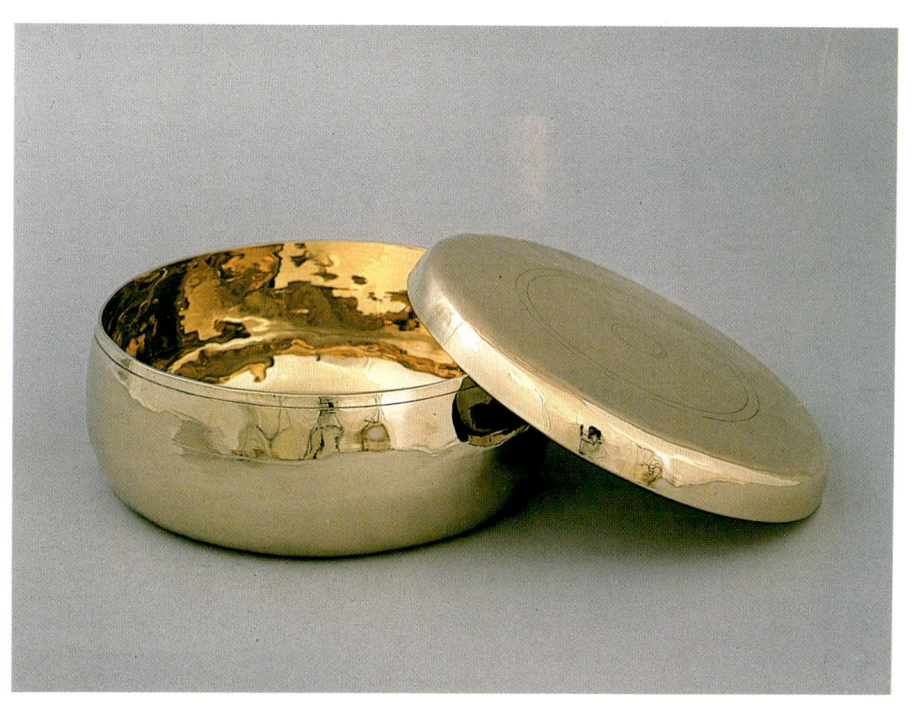

합 유기장 이봉주 제작

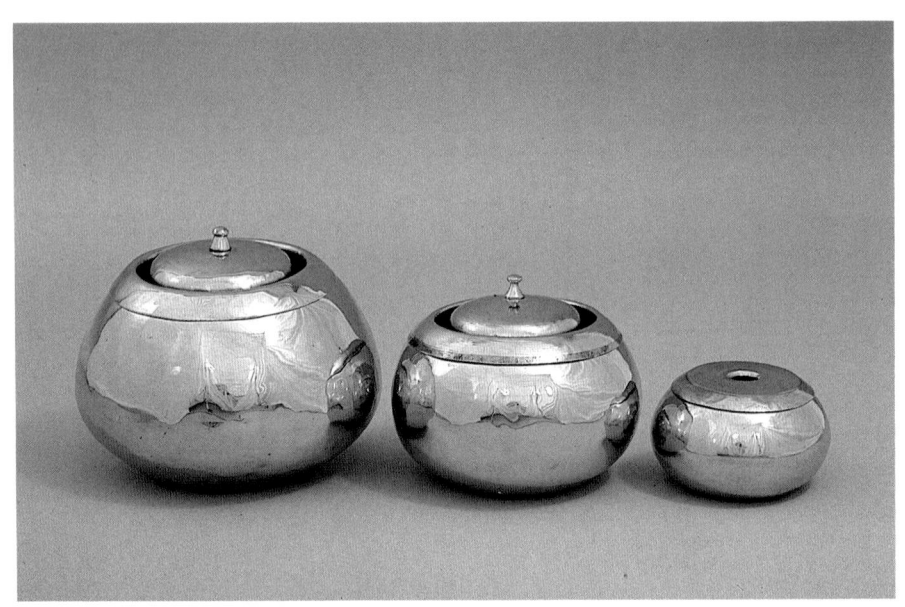

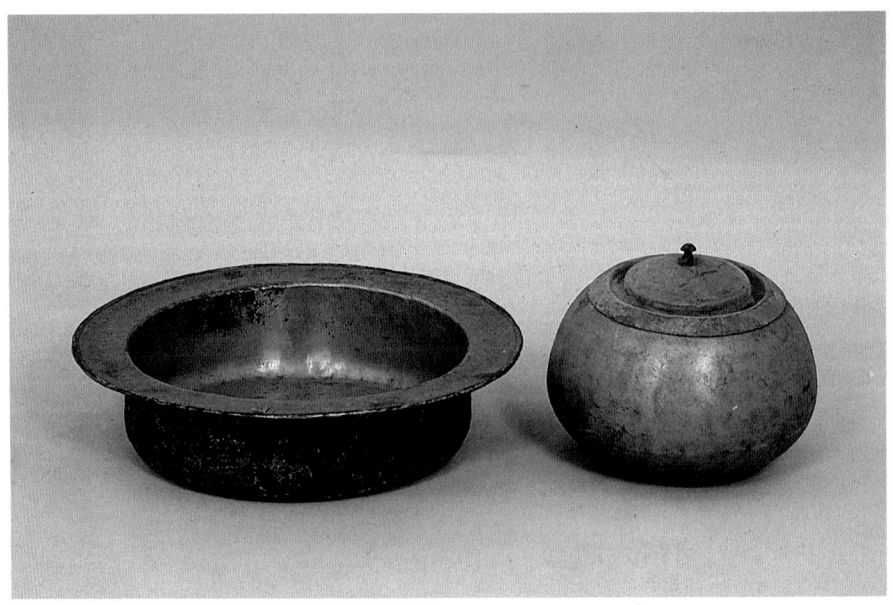

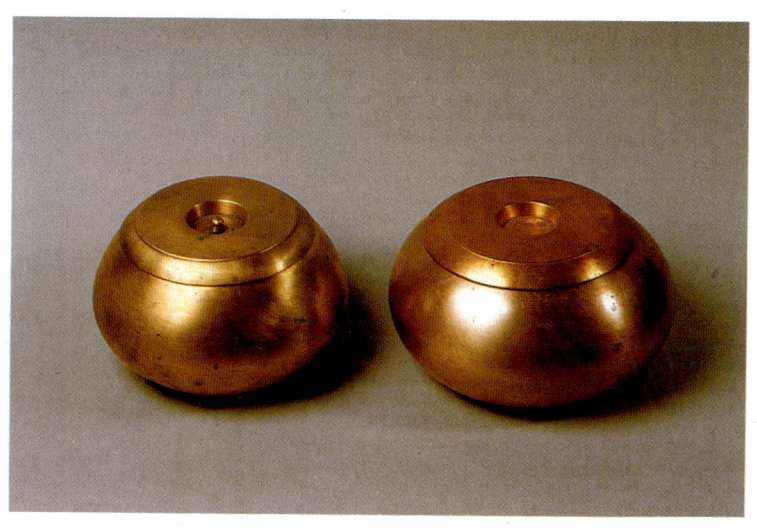

요강(대 중 소) 유기장 이봉주 제작 (왼쪽 위)
대야와 요강 조선시대, 이봉주 소장(왼쪽 아래)
요강 조선시대, 전진한 소장(오른쪽 위)

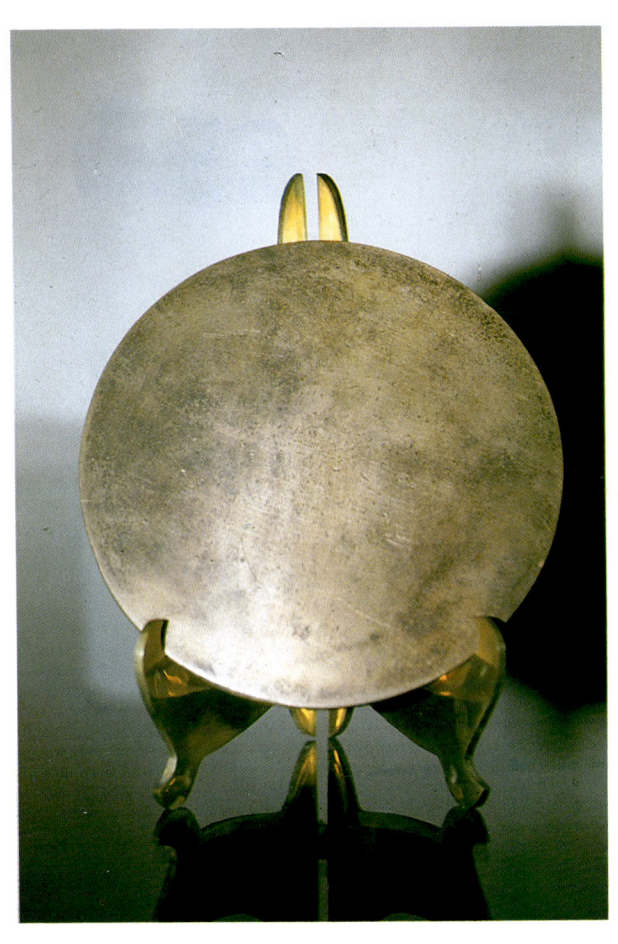

거울 조선시대, 이희재 소장(왼쪽)
등잔 높이 22센티미터, 받침 지름 9.5센티미터, 조선시대, 전진한 소장(오른쪽)

26

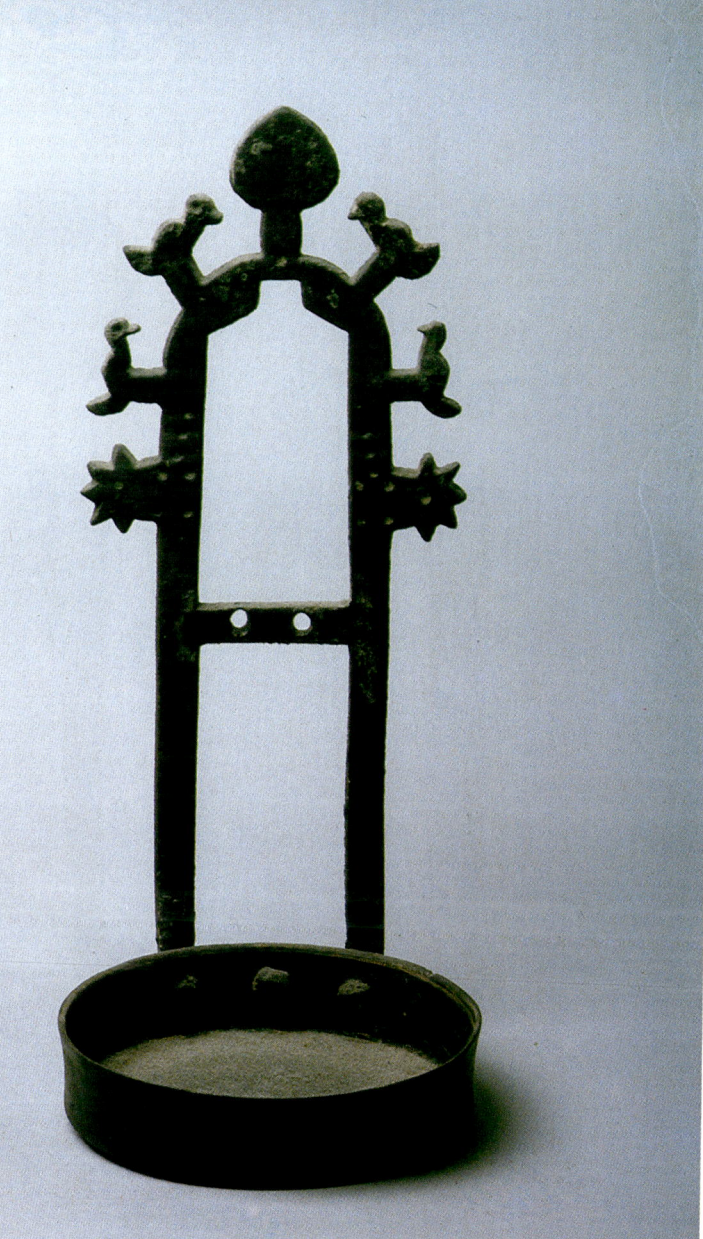

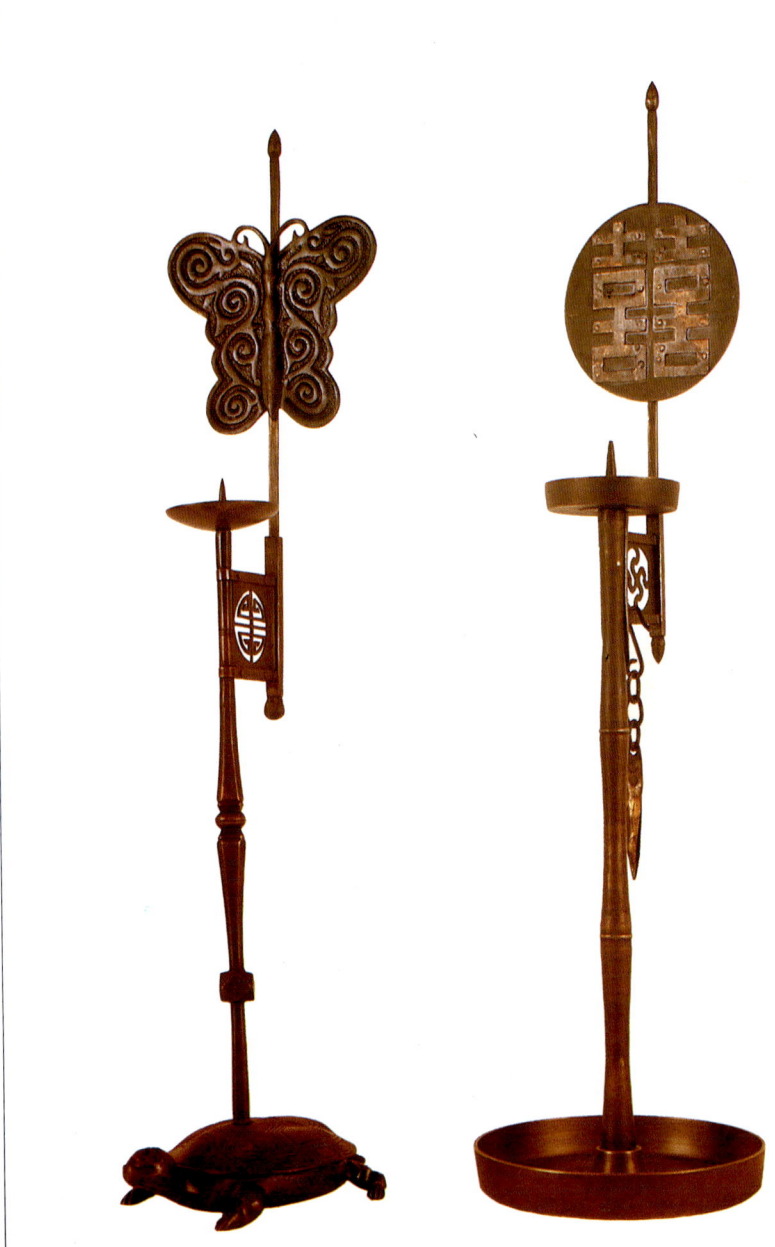

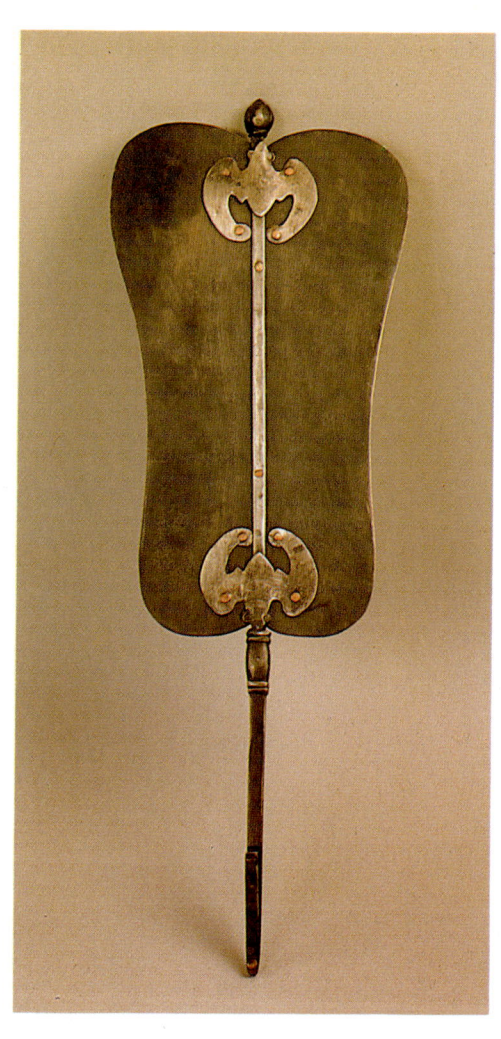

촛대 조선시대, 창덕궁(왼쪽)
촛대의 불판 촛불이 잘 꺼지지 않도록 바람막이 구실을 하는 것이다. 유기장 김근수
  소장(오른쪽)

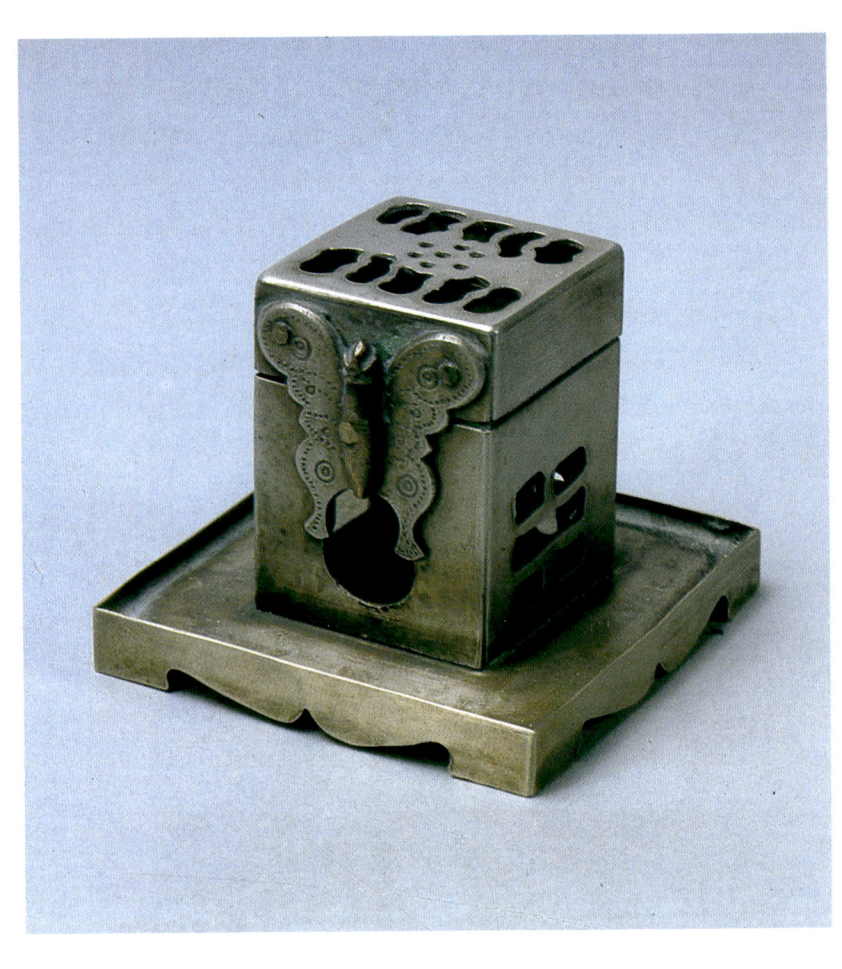

담배통(장죽걸이) 조선 말기, 전진한 소장

담배함 조선 말기, 전진한 소장(위)
타구 재떨이 담뱃대 조선 말기, 국립민속박물관(아래)

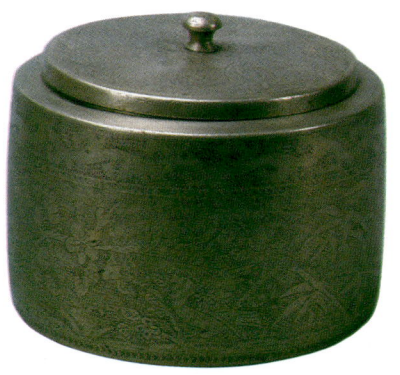

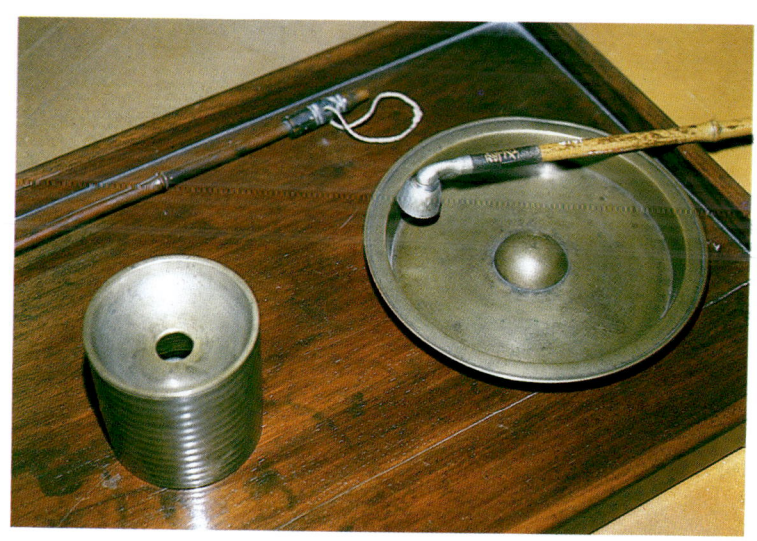

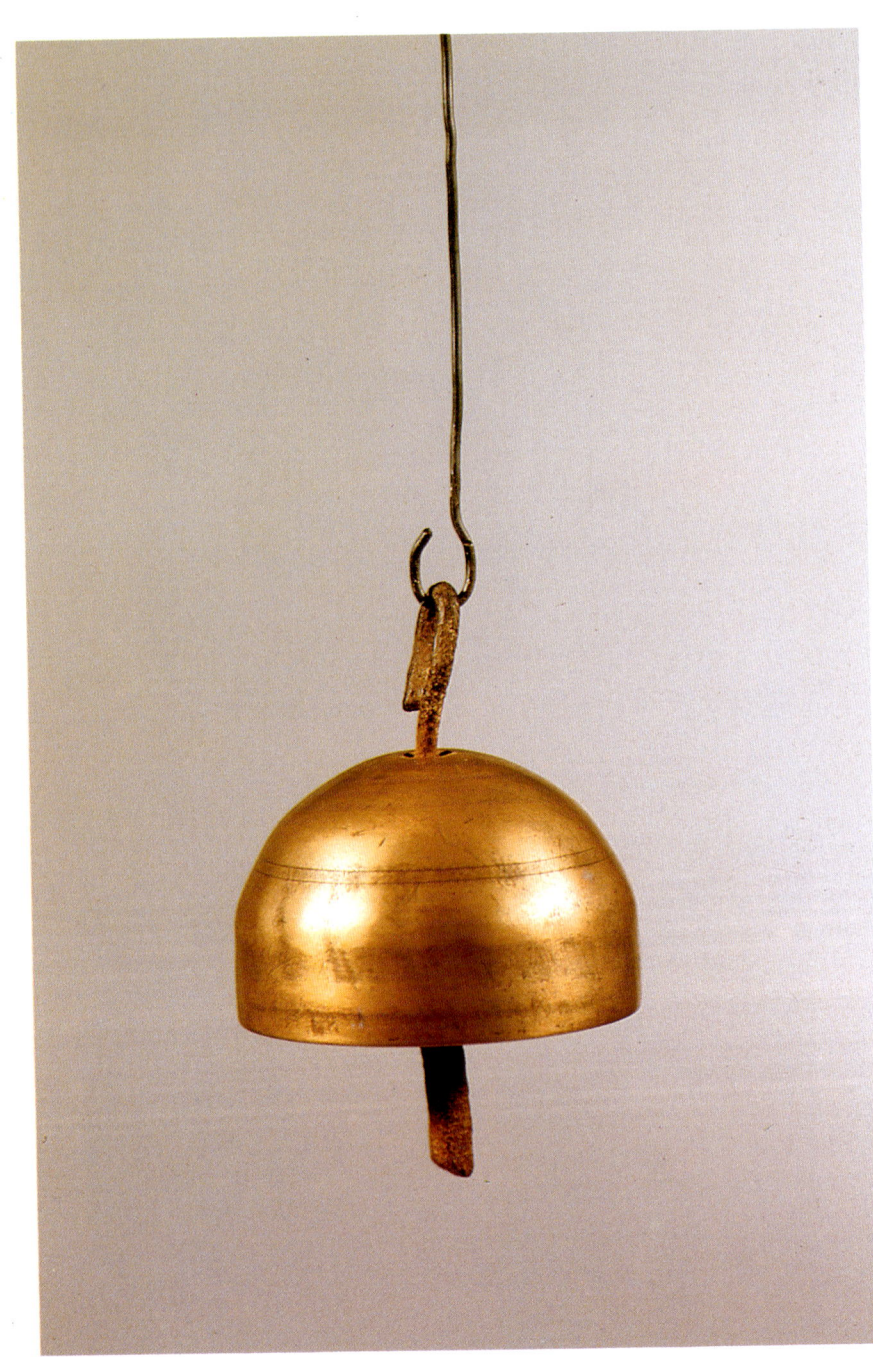

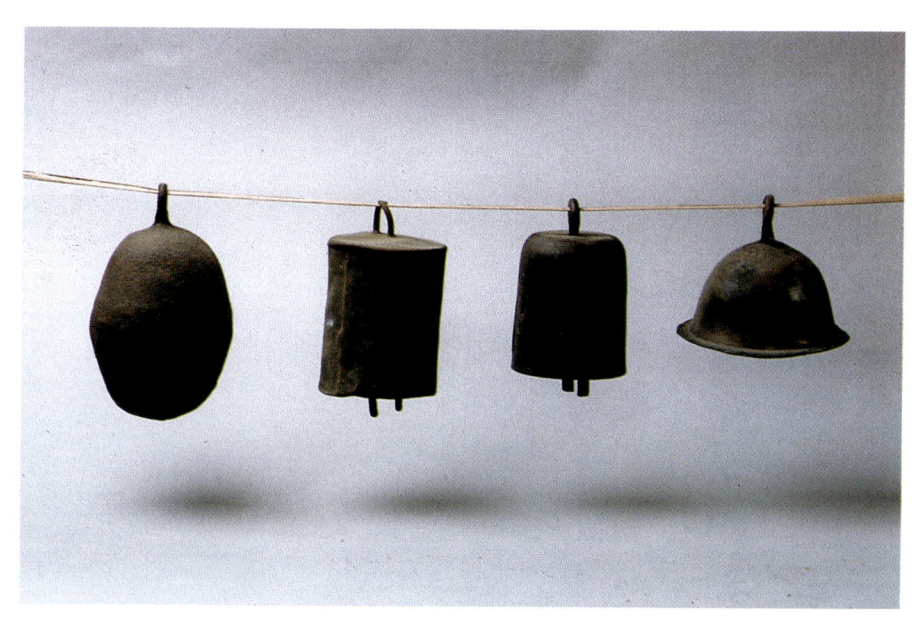

풍경 이종률 소장(왼쪽)
여러 모양의 종 전진한 소장(오른쪽)

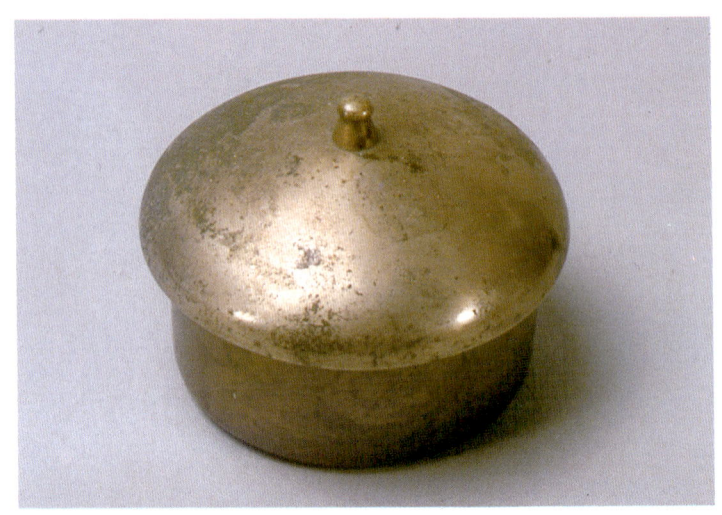

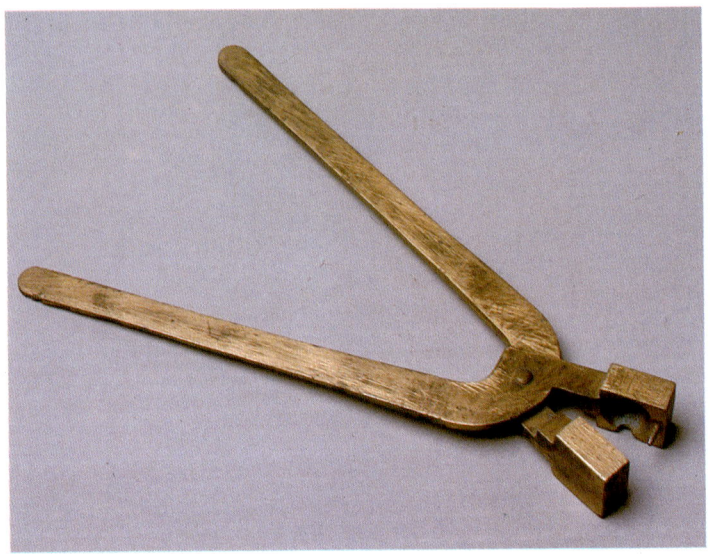

약뜸질기 전진한 소장(위)
환약 조제기 전진한 소장(아래)

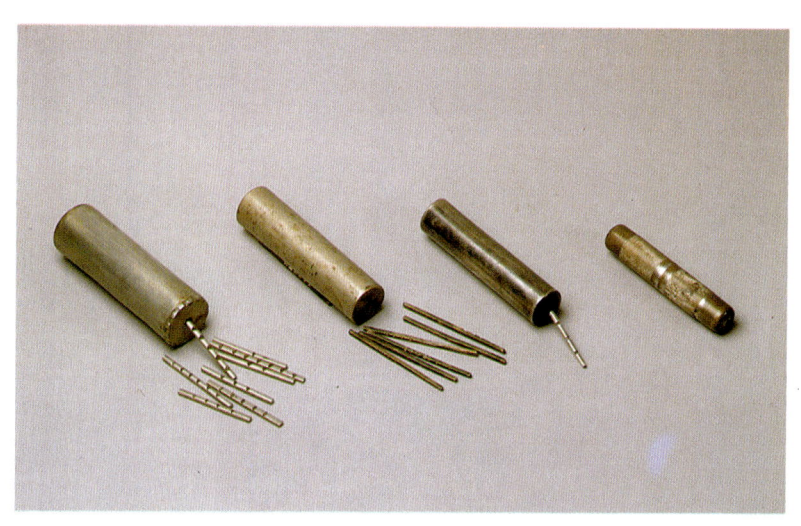

맹인용 점통 전진한 소장

유객환(留客環) 원형의 고리 몇 개를 판에 연결시켜 여기에 타원형의 긴 고리를 끼워 넣었다 뺐다 하는 놀이 용구이다. 길이 21센티미터, 폭 2.5센티미터, 조선시대, 국립 민속박물관

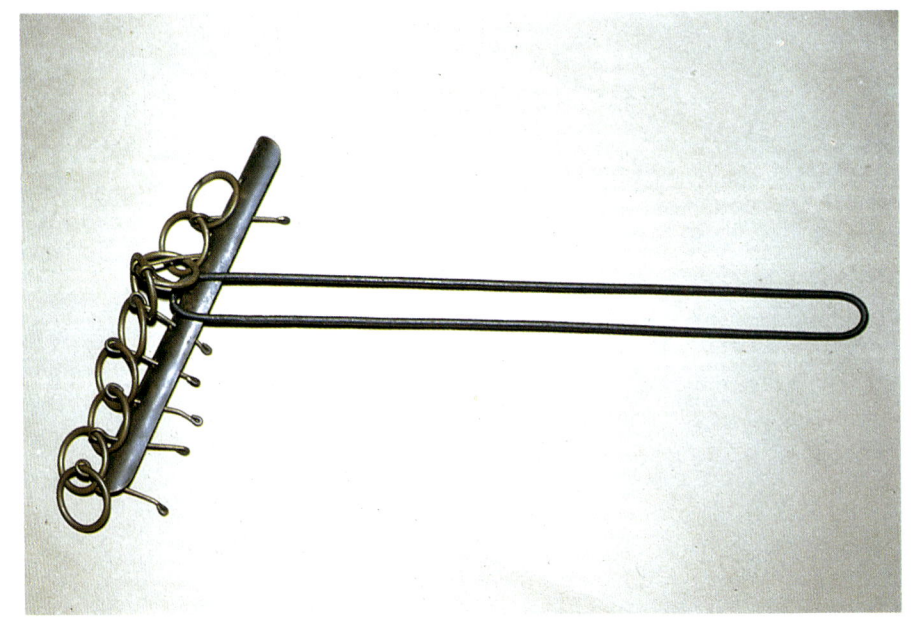

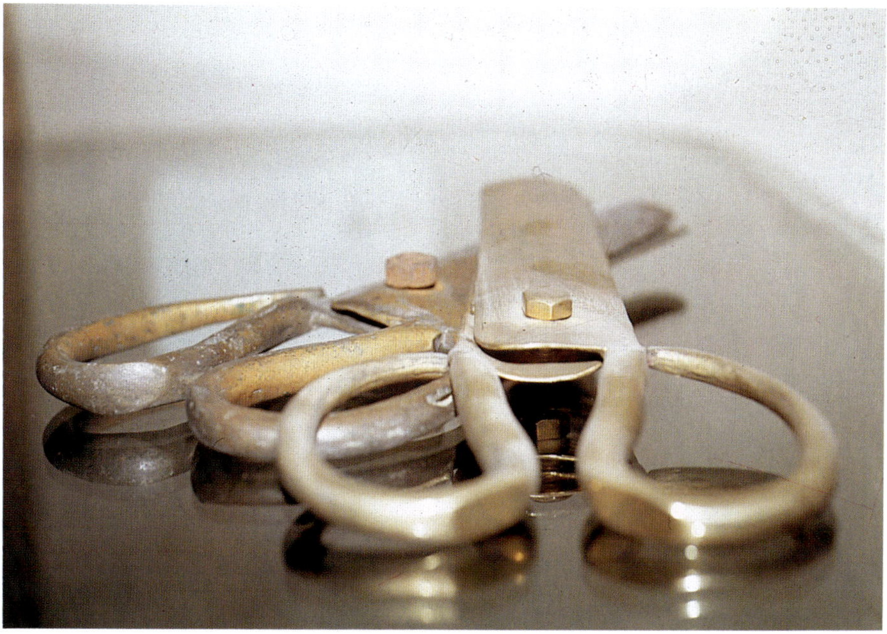

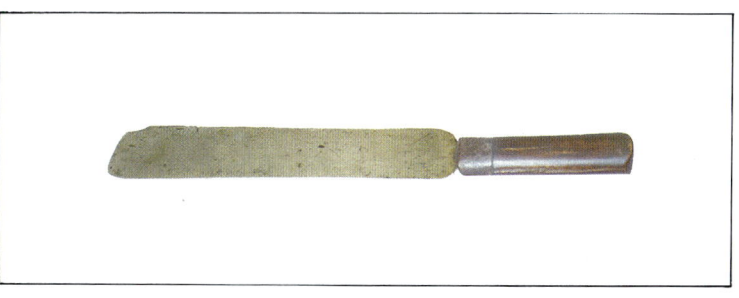

가위 이희재 소장(위)
시루칼 길이 30센티미터, 조선시대, 국립민속박물관(아래)

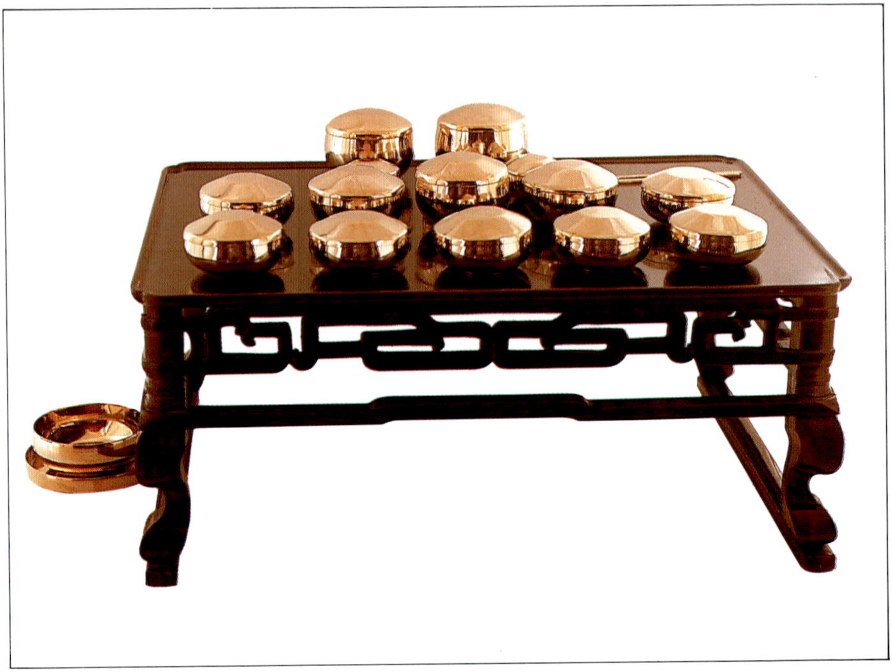

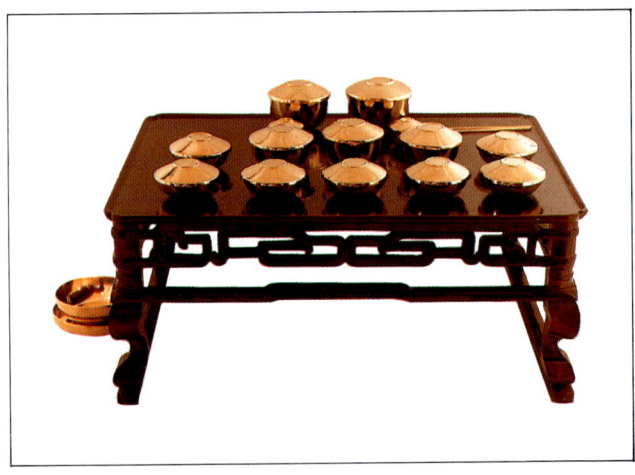

오목 7첩 반상기(왼쪽 위)
연엽 7첩 반상기(왼쪽 아래)
옥바리 7첩 반상기(오른쪽 위)
합 7첩 반상기(오른쪽 아래)

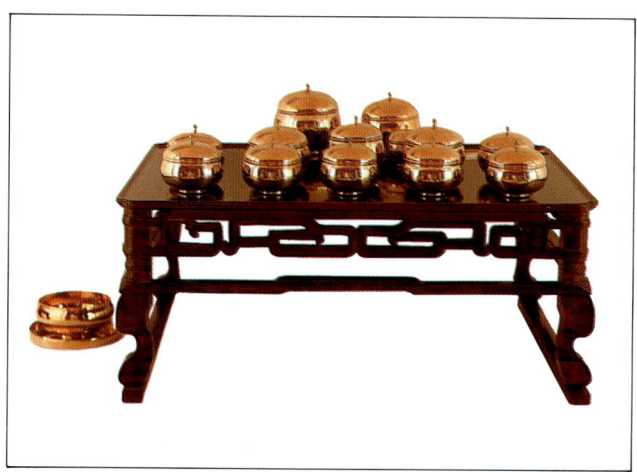

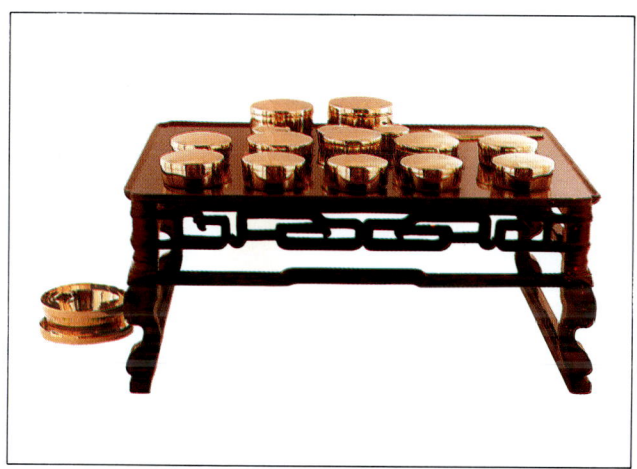

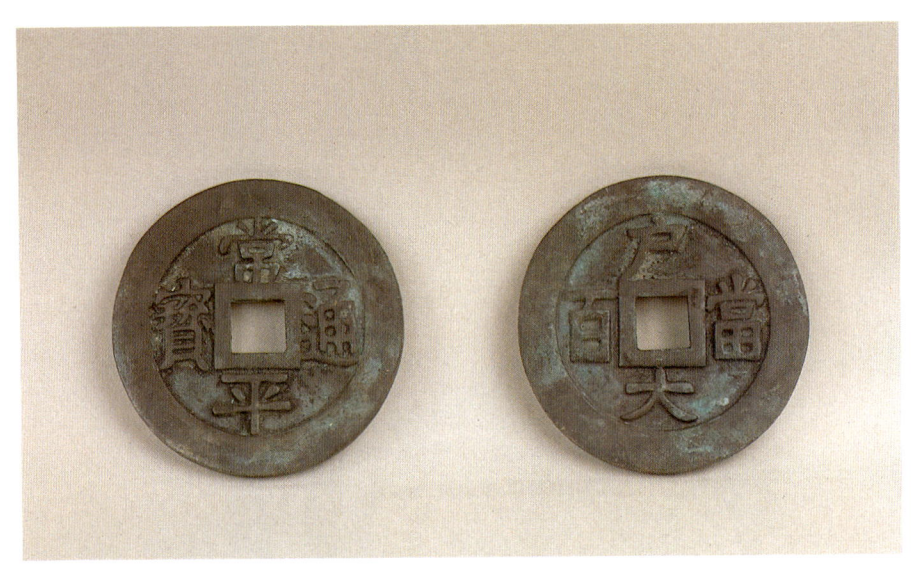

엽전 조선시대의 화폐 상평통보와 당백전, 창덕궁

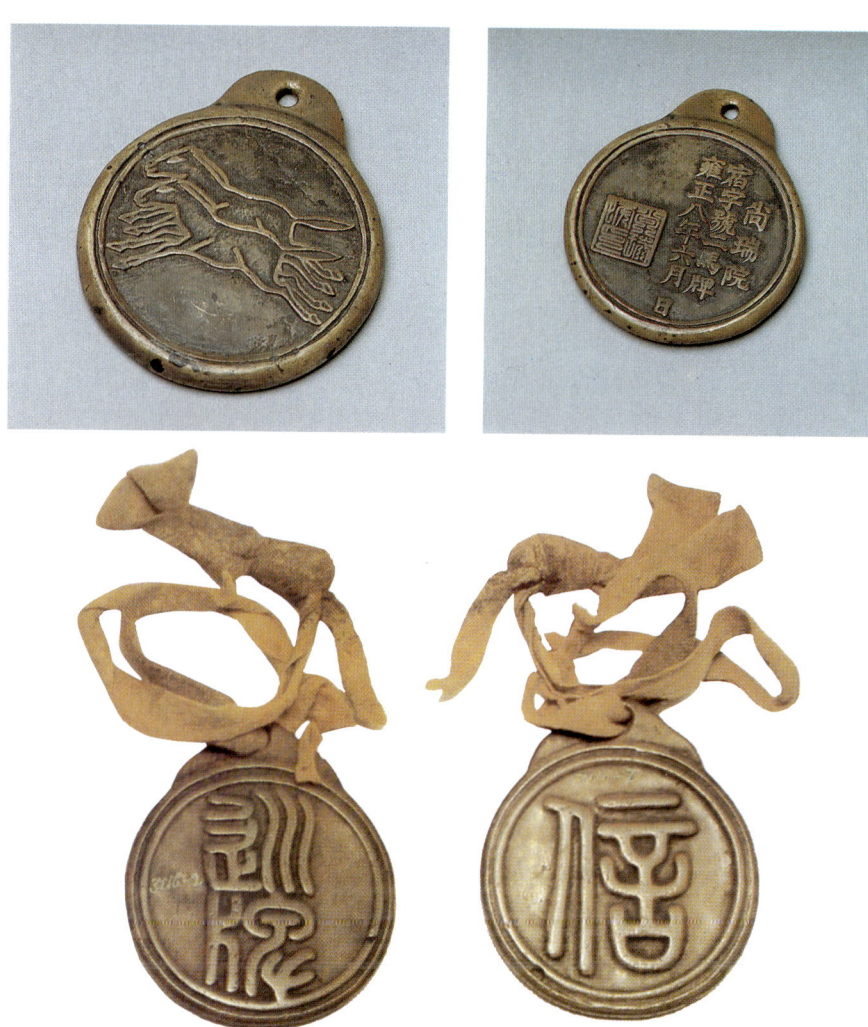

마패　두께 0.7센티미터, 지름 9.5센티미터, 조선시대, 창덕궁(위)
순장패(巡將牌)　두께 0.7센티미터, 지름 10.5센티미터, 조선시대, 창덕궁(아래)

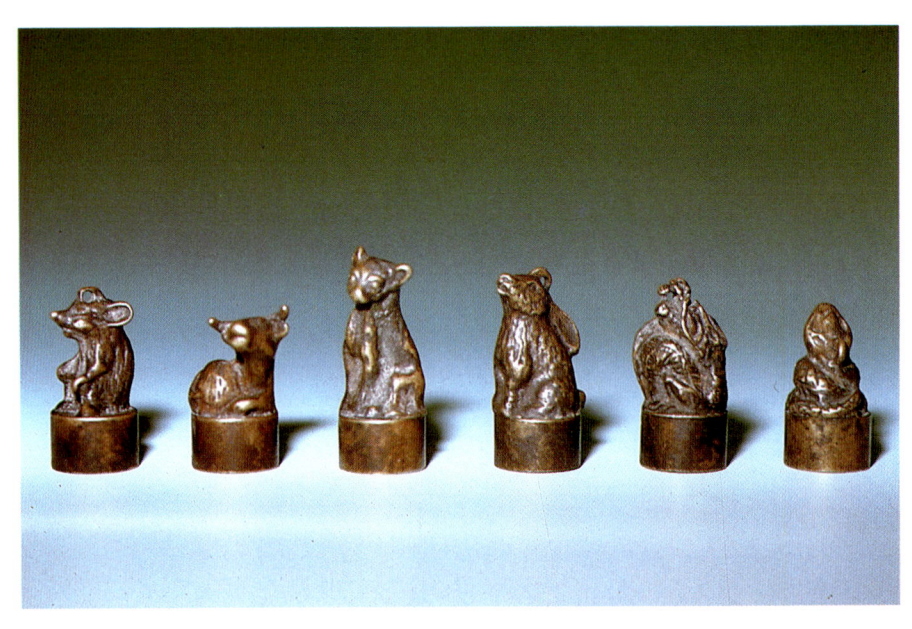

십이지인(十二支印) 쥐(子)～뱀(巳)

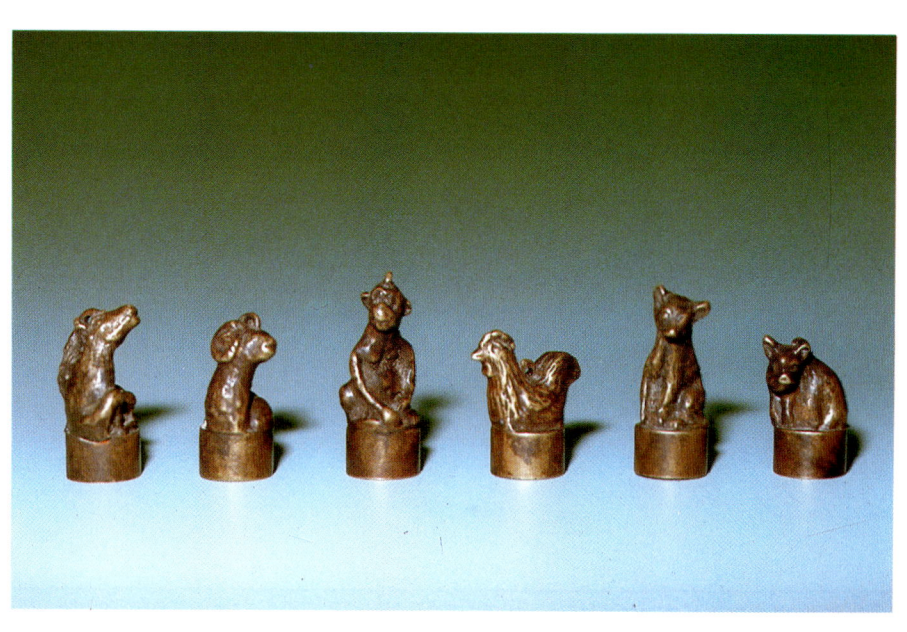

십이지인(十二支印)　말(午)~돼지(亥), 조선 말기, 홍정실 소장

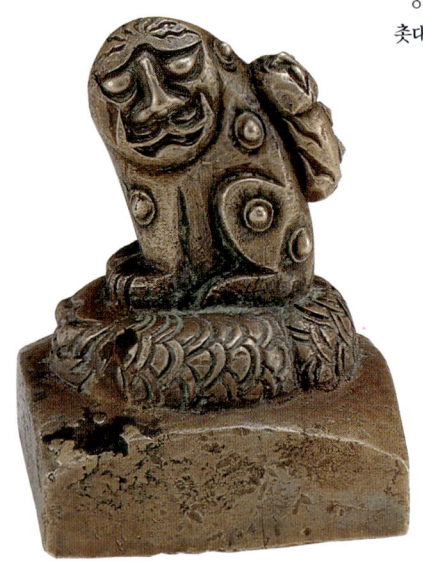

호랑이 모양의 도장　조선시대, 조병순 소장(왼쪽)
아래 사진은 도장의 바닥면
촛대　조선시대, 홍정실 소장(오른쪽)

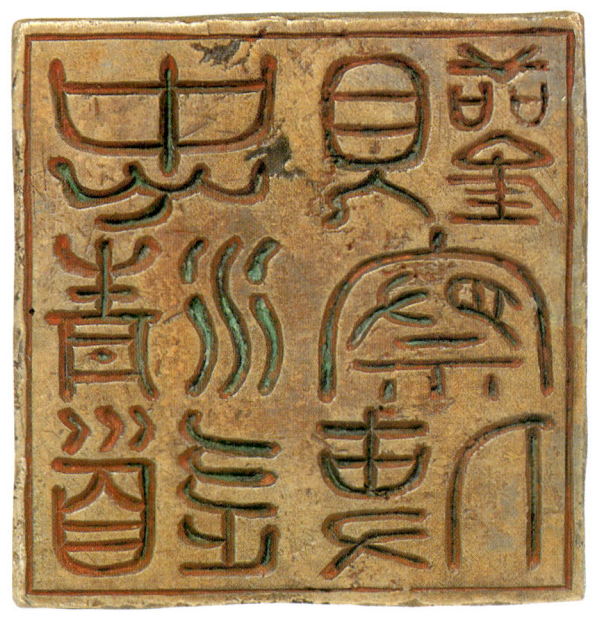

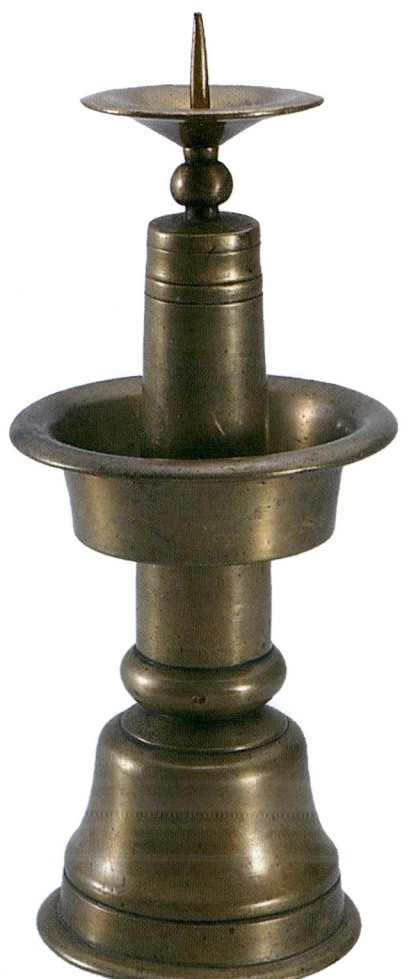

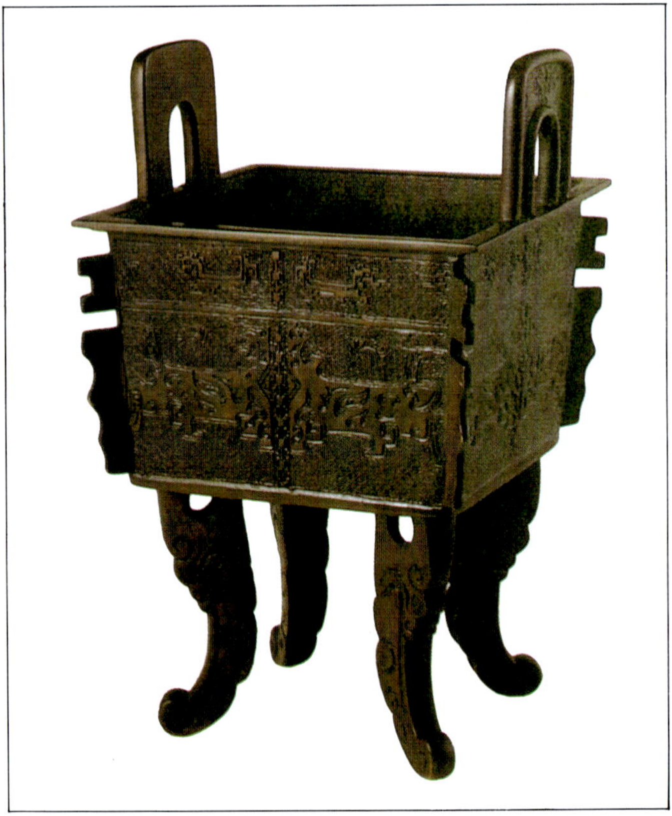

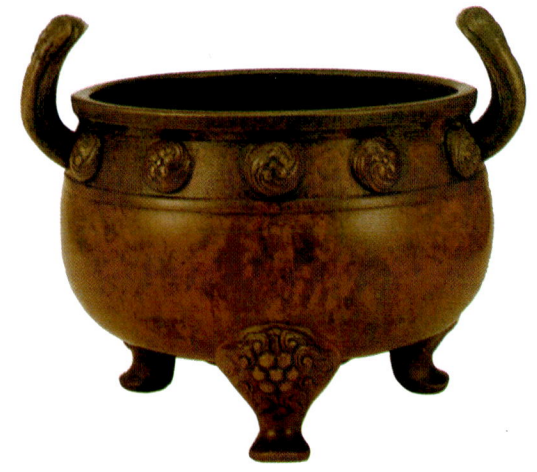

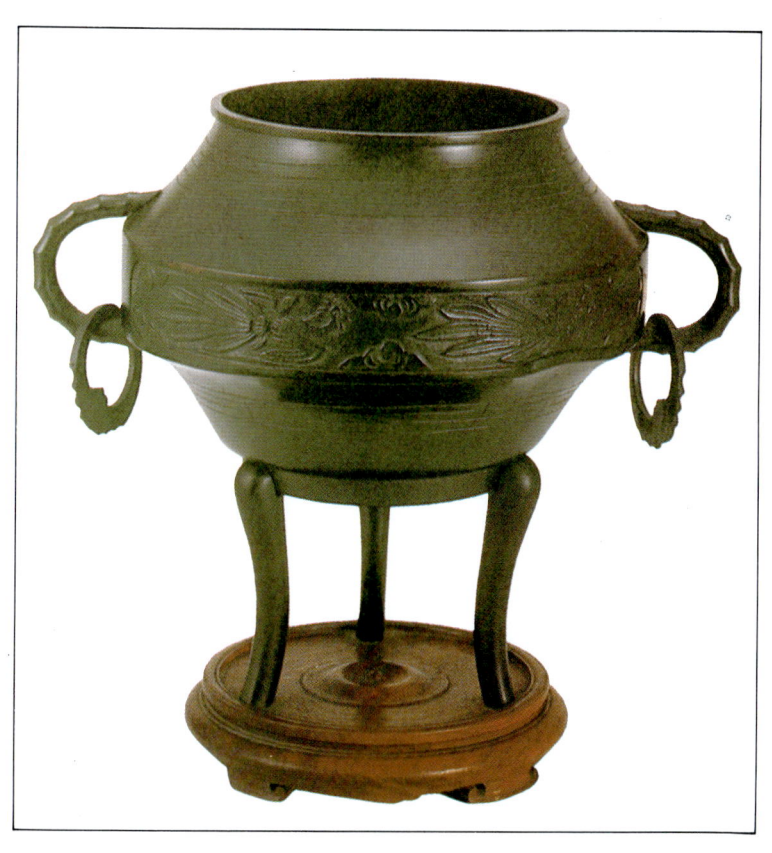

향로 높이 34센티미터, 지름 19센티미터, 조선시대, 창덕궁(왼쪽 위)
    높이 12센티미터, 지름 19센티미터, 조선시대, 창덕궁(왼쪽 아래)
    높이 28.5센티미터, 지름 15.7센티미터, 조선시대, 창덕궁(오른쪽)

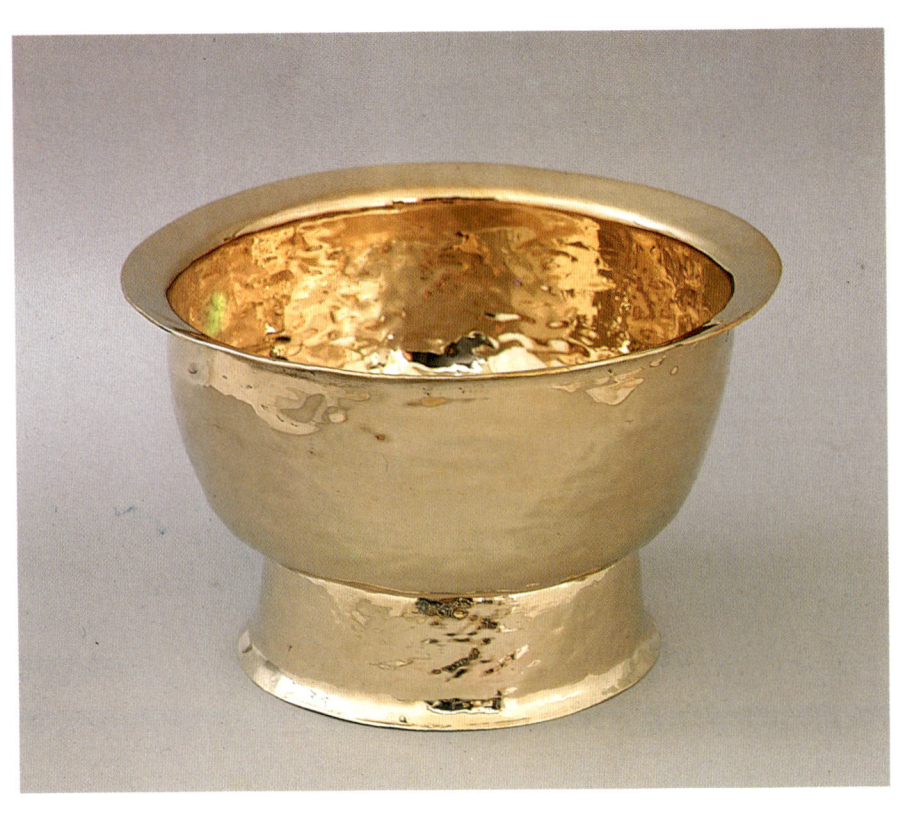

방짜 불발(佛鉢)   마지(밥)를 담아 불단에 올리는 데 쓰이는 불구의 일종이다. 유기
  장 이봉주 제작

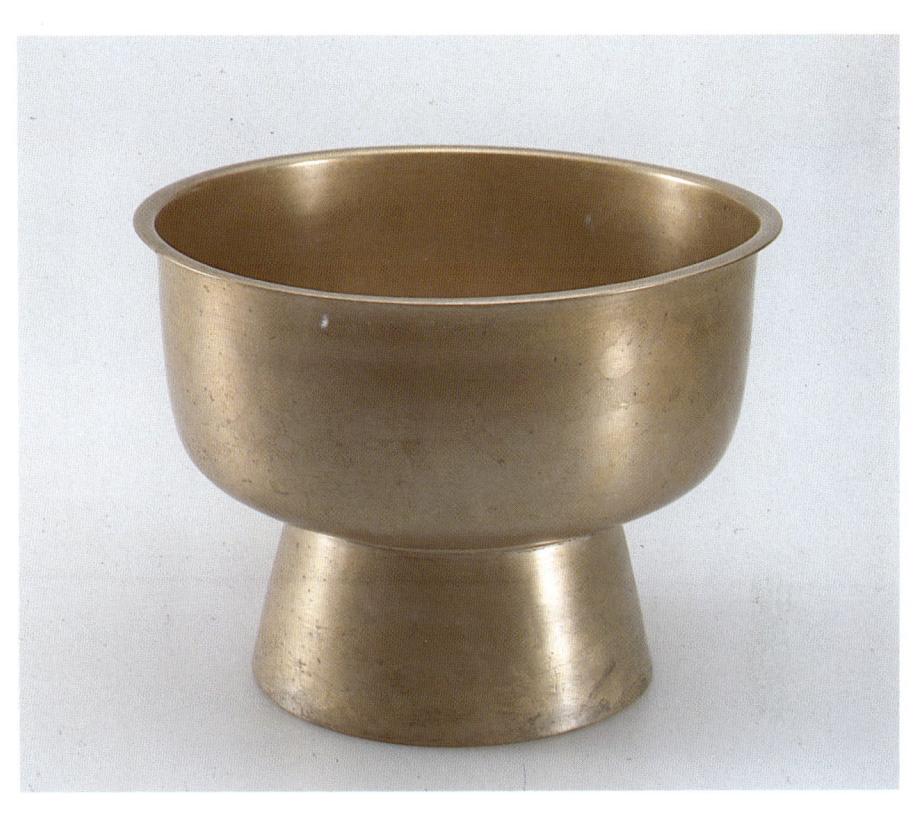

불발(佛鉢) 조선시대, 홍정실 소장

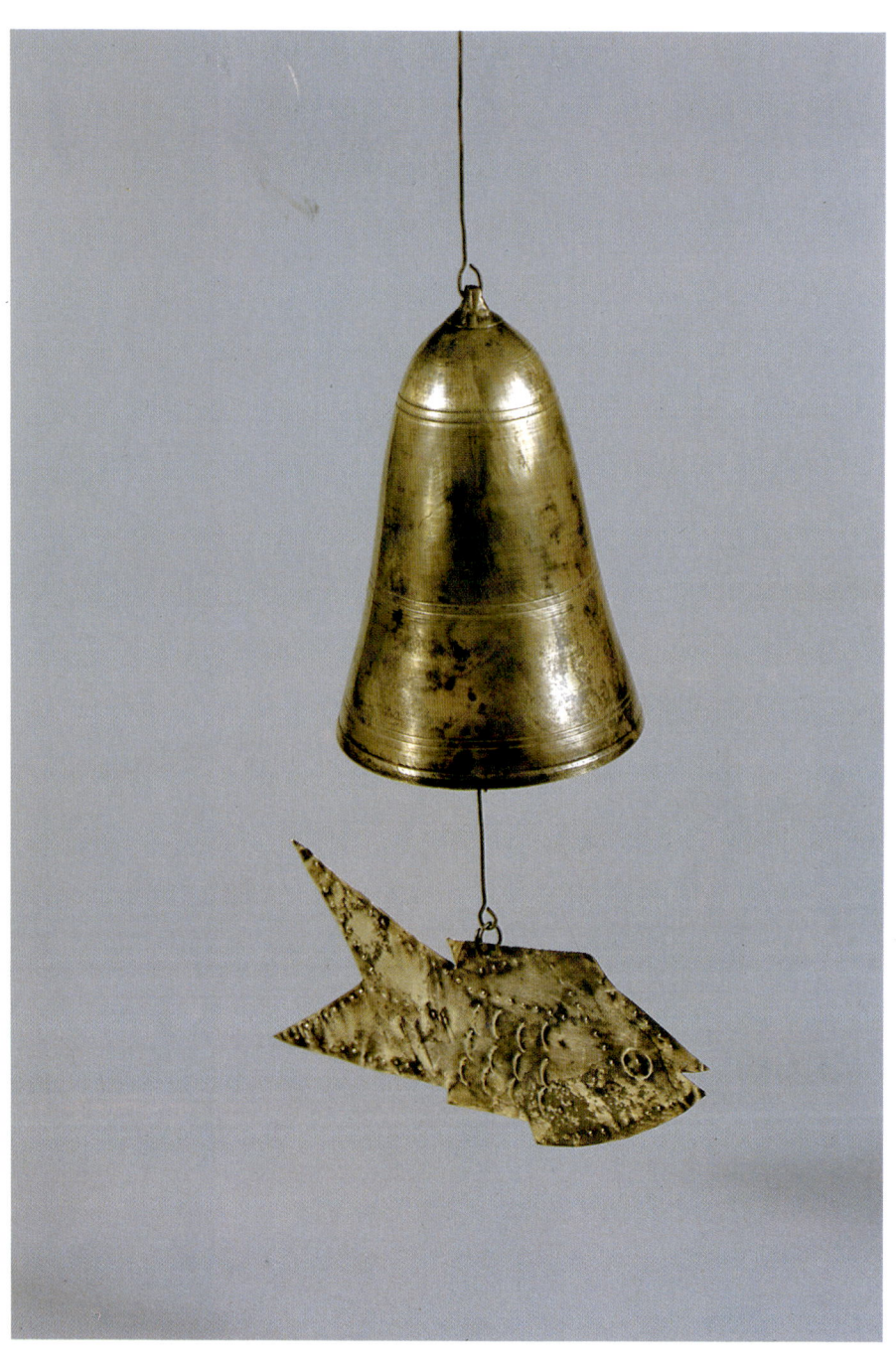

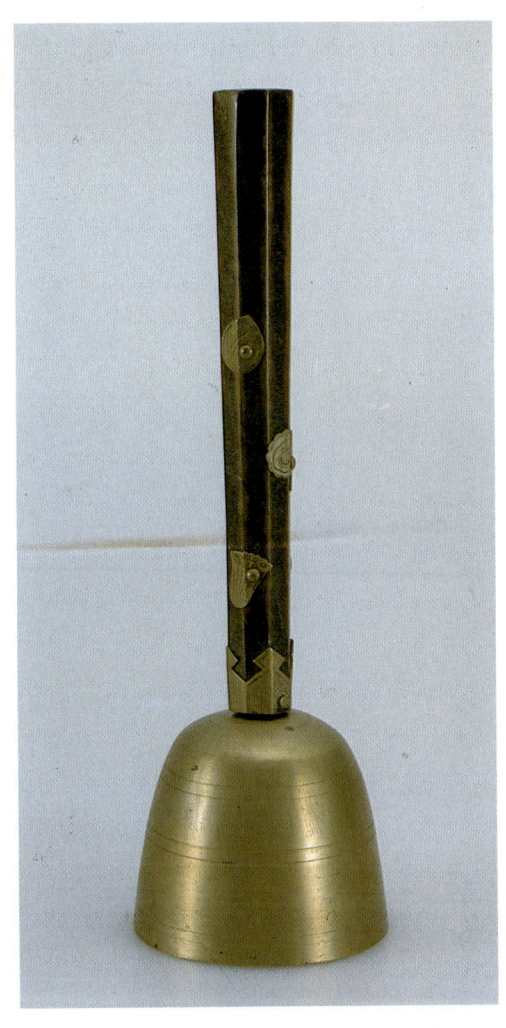

풍경(風磬) 처마 끝에 달아 장식하는 것으로 작은 종 모양이다. 자면서도 눈을 뜨고 있는 물고기와 같이 항상 법을 구하라는 의미가 내포되어 있다.(왼쪽)

요령(搖鈴) 옻칠을 한 8각의 손잡이를 갖추고 종 몸체에는 두 줄의 음각선을 둘렀다. 구한말, 홍정실 소장(오른쪽)

사리함 높이 7센티미터, 지름 7센티미터, 조선시대, 전진한 소장(위)
삭도 전진한 소장(아래)

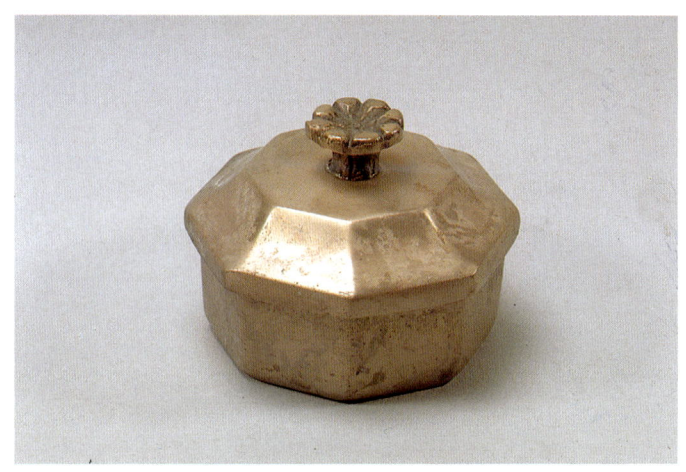

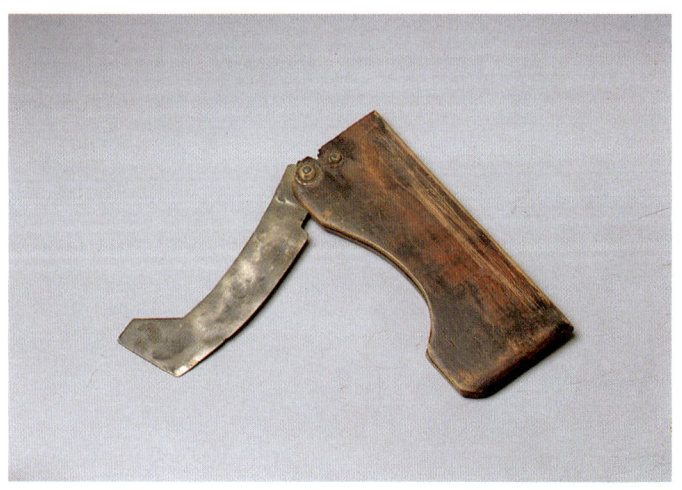

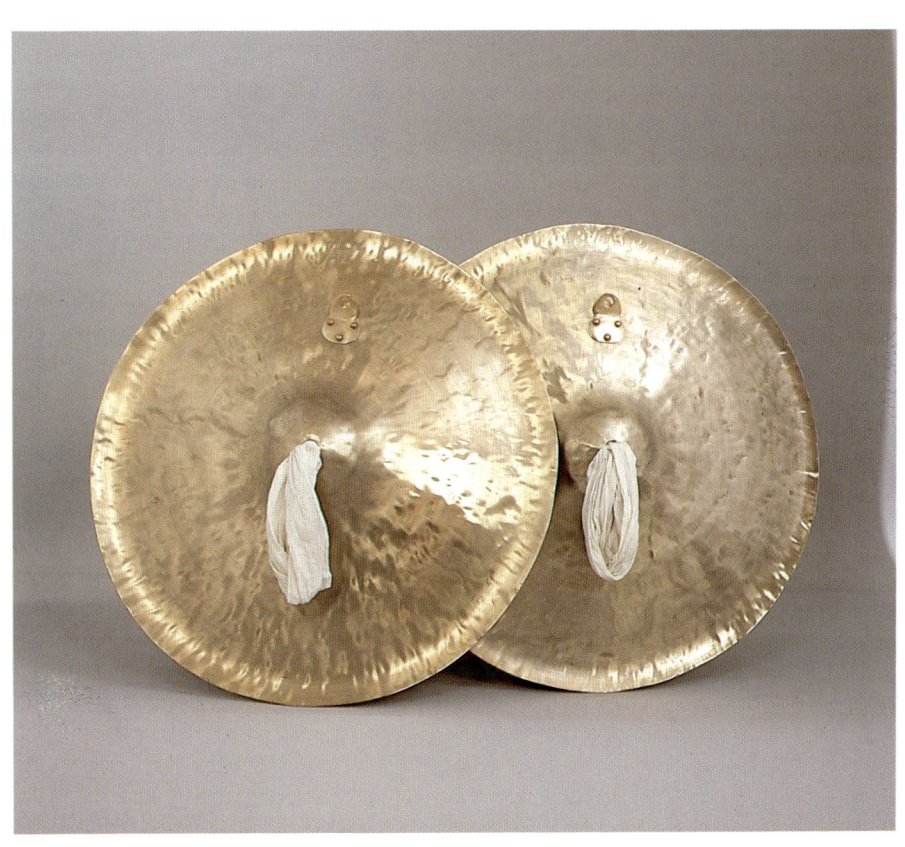

바라 유기장 이봉주 제작

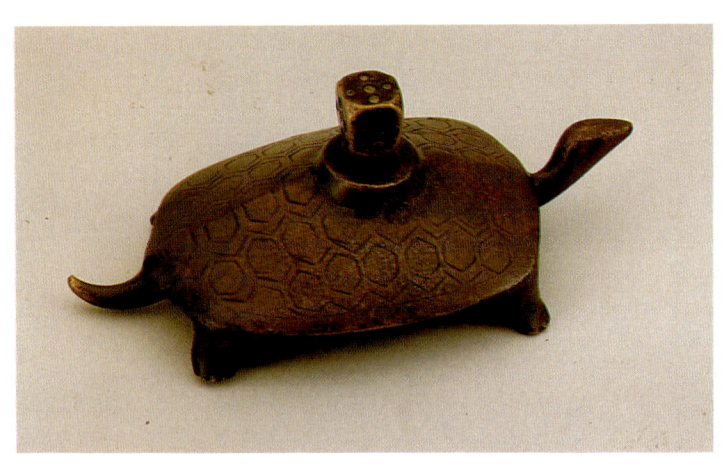

거북 모양의 서진(書鎭) 조선 말기, 홍정실 소장

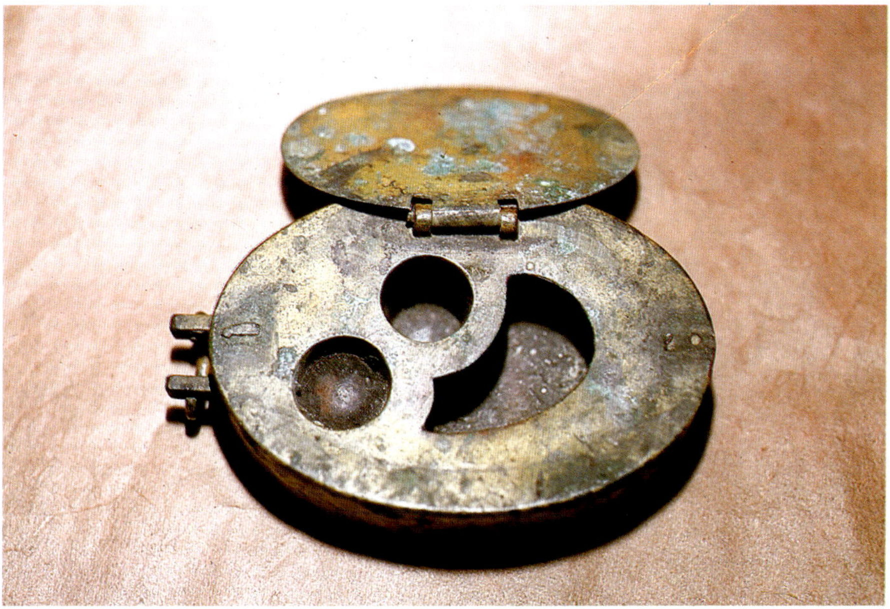

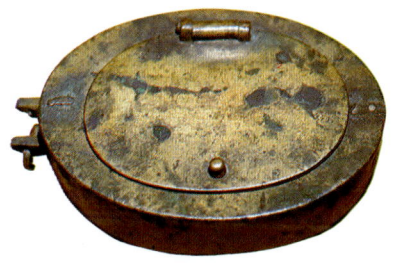

먹통 조선시대, 인사동 동국당 소장

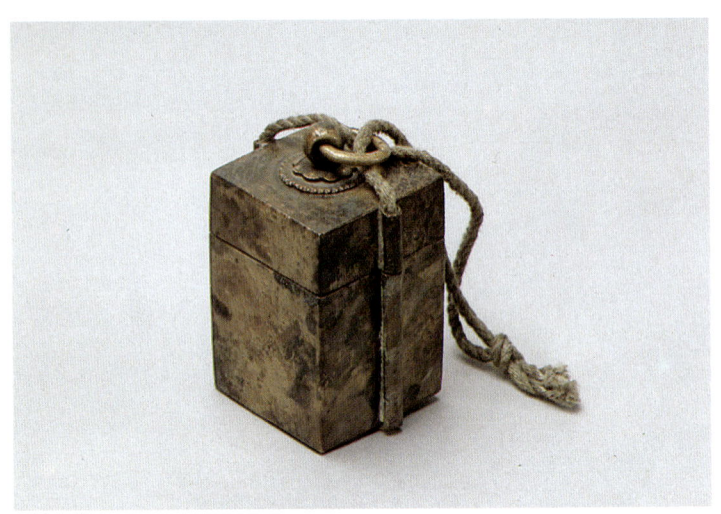

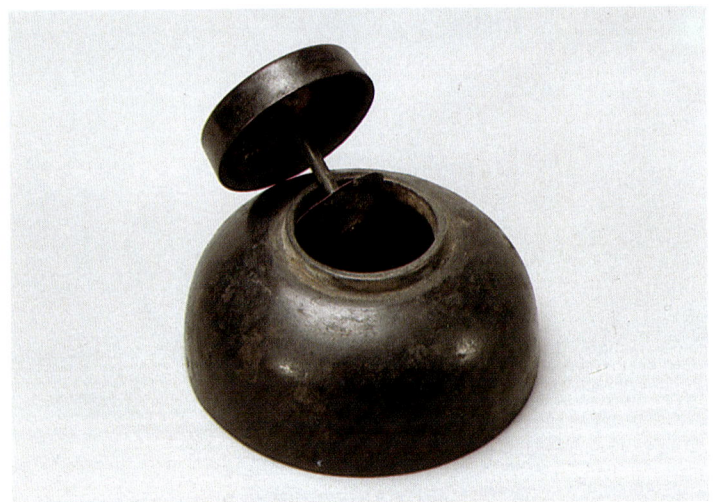

56

먹물통 지름 3.5센티미터, 높이 6센티미터, 조선시대, 전진한 소장(왼쪽 위)
묵적(墨滴) 조선시대, 전진한 소장(왼쪽 아래)
연적(硯滴) 지름 6센티미터, 높이 3센티미터, 조선시대, 홍정실 소장(오른쪽 아래)

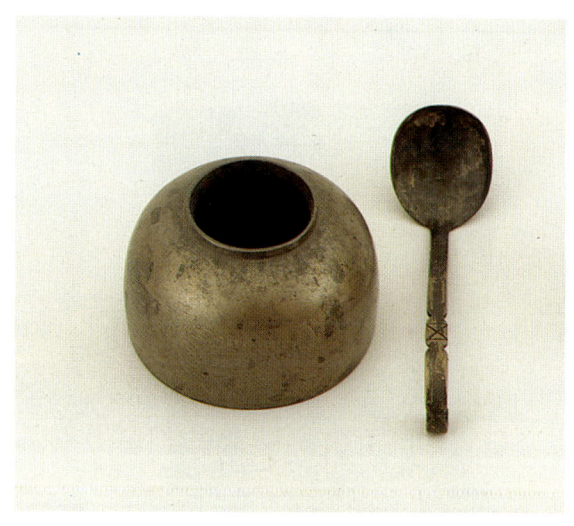

십장생 필통 높이 14센티미터, 지름 10센티미터, 조선시대, 전진한 소장

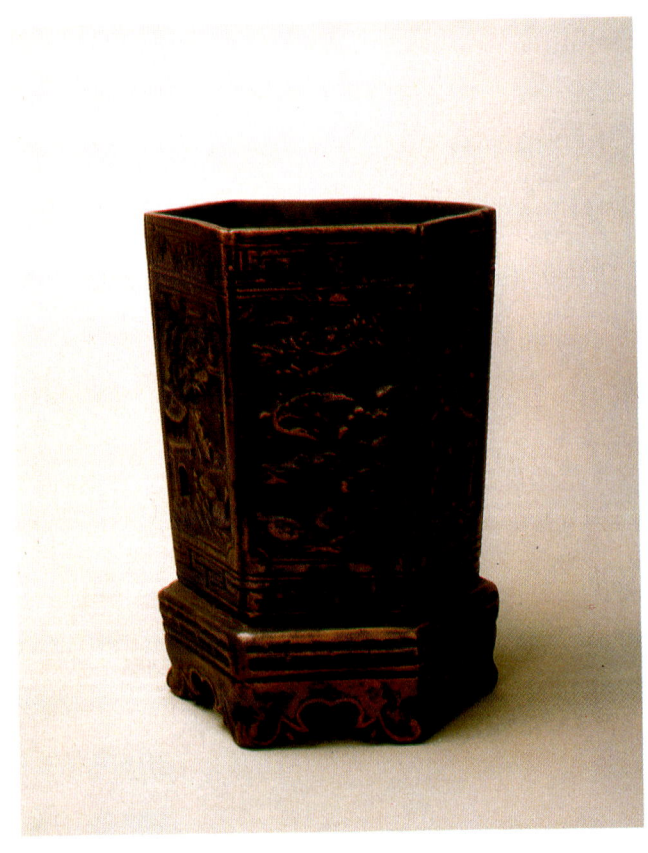

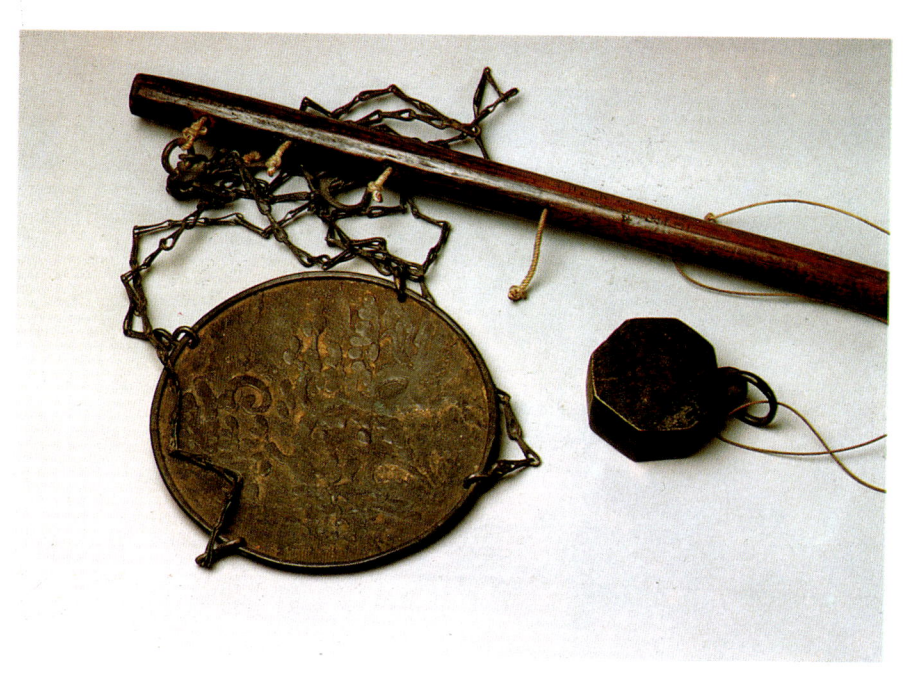

저울 조선 말기, 전진한 소장

운라(雲羅) 작은 징 10개를 나무틀에 매달아 놓고 치는 아악기의 일종. 소리가 맑으며 10개의 징이 크기가 모두 같지만 두께가 달라 음정과 음색을 조절한다. 유기장 이봉주 제작

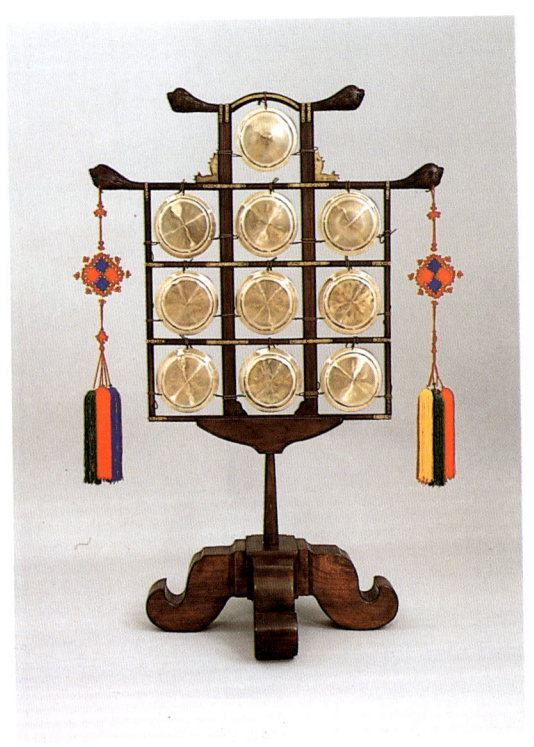

편종(編鐘)　조선시대, 종묘

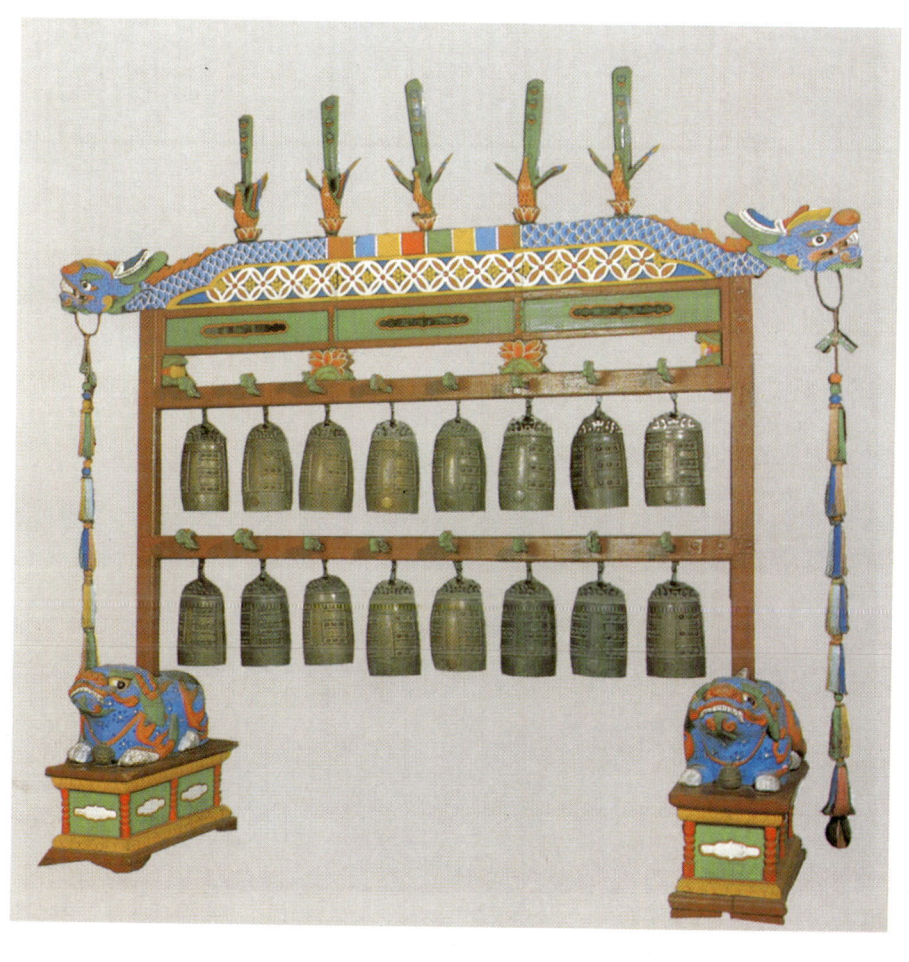

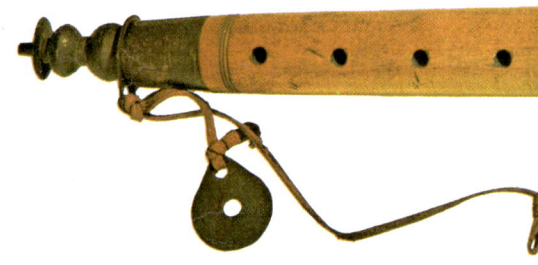

날나리(太平簫) (위)
영각(슈角) 길이 약 2미터, 부산민속박물관(가운데)
농각(農角) 길이 2.5미터, 지름 5센티미터 부산민속박물관(아래)

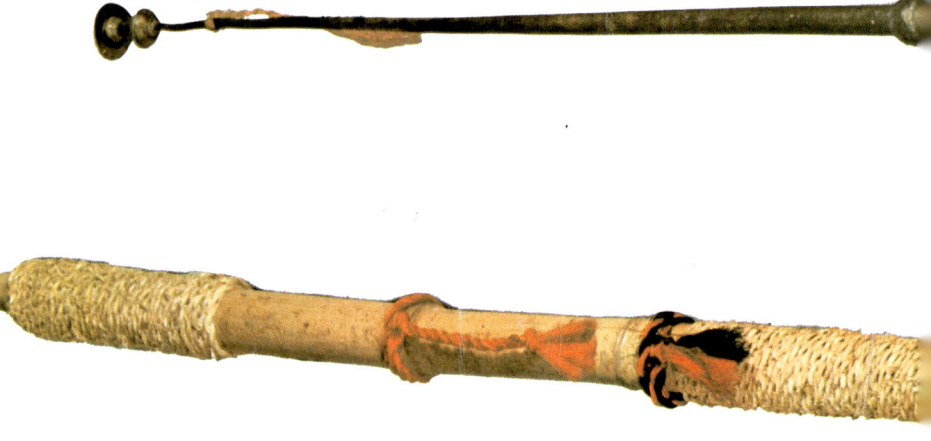

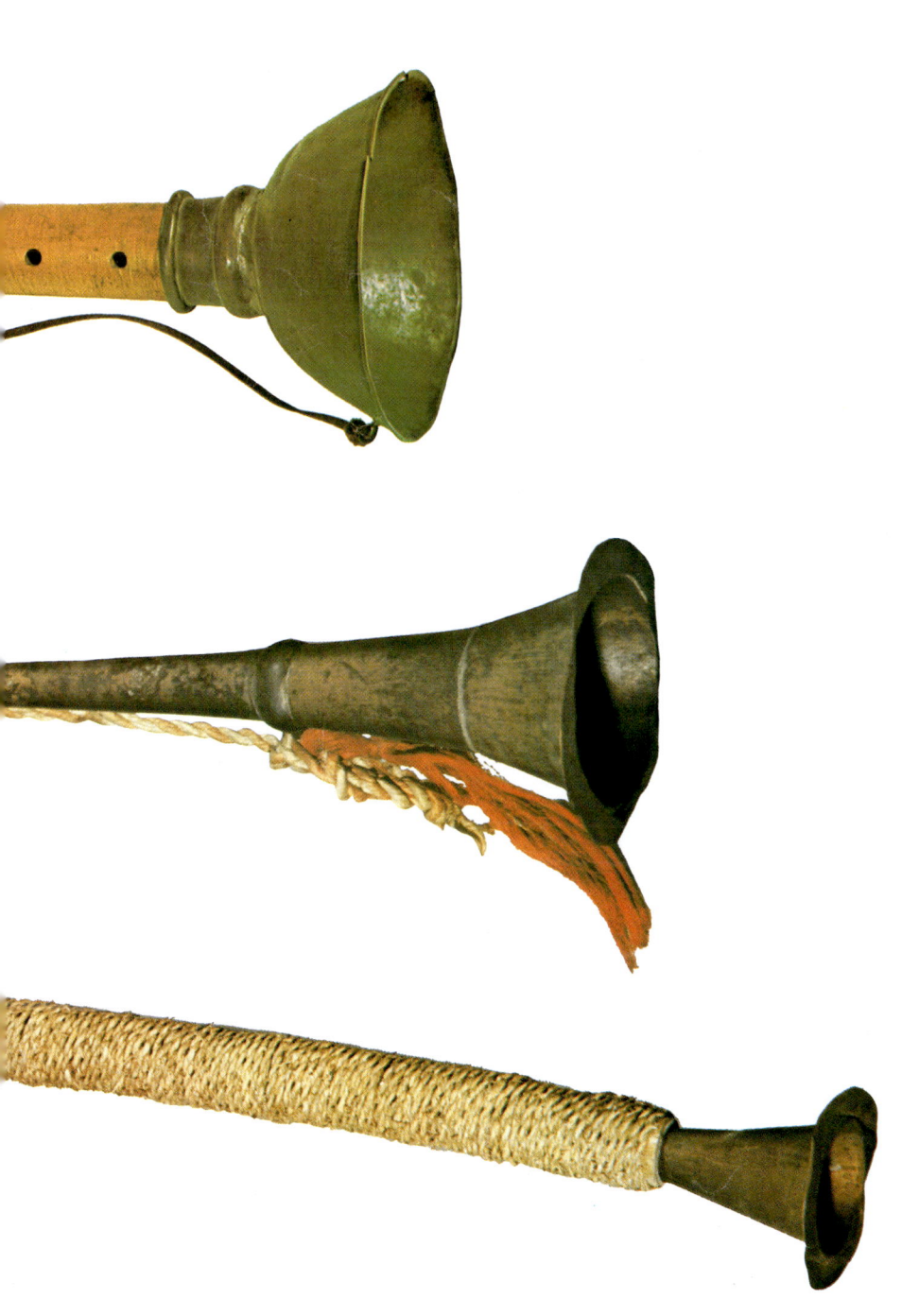

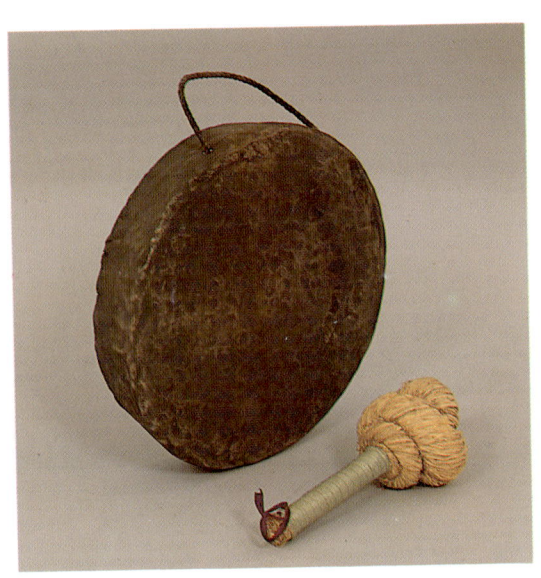

징 전(테두리)이 없는 대야 모양의 악기를 일컫는 것으로 금징이라고도 한다. 범패
의식, 농악에서 쓰이며 무구(巫具)로도 이용된다. 이봉주 소장(왼쪽)
틀을 갖춘 화려한 모양의 징이다. 조선시대, 국립민속박물관(오른쪽)

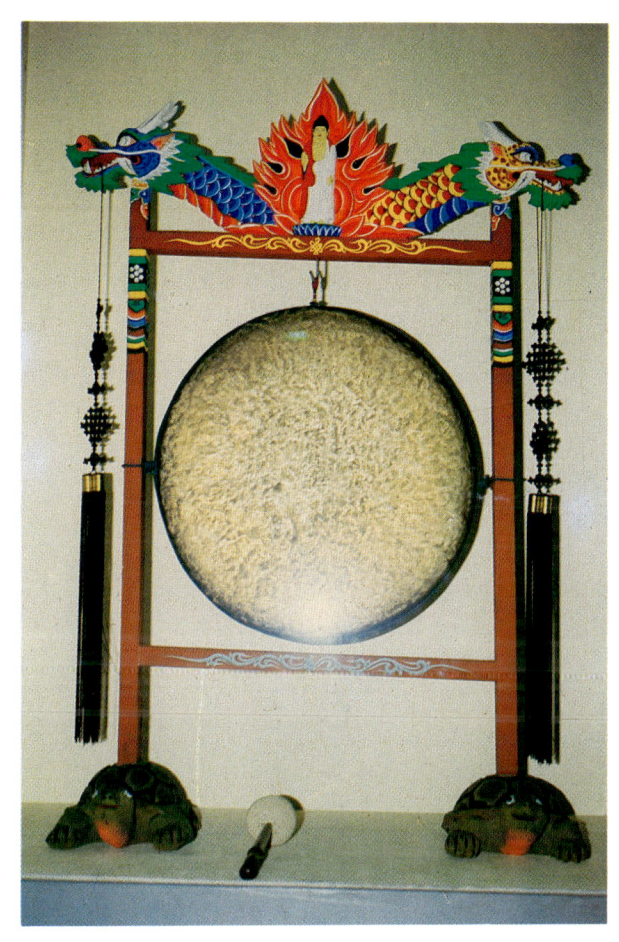

유기

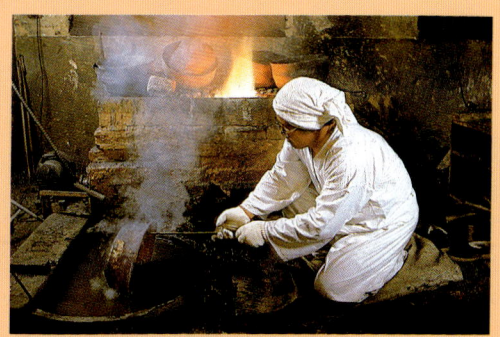

한국의 유기

우리나라에는 세계적으로 특이한 놋쇠라는 금속이 있다. 이 놋쇠로 식기를 비롯하여 촛대, 향로, 소반, 대야, 악기, 불구(佛具) 등 다양한 일상 생활 용품이나 기구를 만들어 썼다. 놋쇠로 만든 이런 제품들을 통틀어 '유기 제품'이라고 한다.

놋쇠는 각 제품마다 그 성분과 합금의 배합 비율이 다소 차이가 있으나 넓은 의미로는 동(銅)을 기본으로 하는 비철금속(非鐵金屬)의 합금을 말한다.

전통 유기

한국인 누구에게나 친숙했던 은은한 광택을 내는 노르스름한 색의 놋 제품들이 지금은 현대의 합금 제품(예컨대 스테인레스 스틸 등)이나 화학 제품에 밀려 일상 생활 용품으로서의 자리를 잃고 말았다. 그러나 조선조 때까지만 해도 모든 사람이 아주 폭넓게 쓰던 극히 일반적인 생활 필수품으로서 전국 각 지역에 고루 분포되었던 전통적인 생활 용구였다. 이 유기 제품들이 풍기는 은근한 품위야말로 우리 겨레의 멋이 아닌가 생각된다. 지금은 예전만큼 널리 쓰이지는 않지만 현대의 합금이나 화학 제품으로 대치할 수 없거나 놋으로 만들어야 운치나 품위가 있는 것들 곧 불구(佛具), 악기(특히 농악기), 제기, 식기 등에는 여전히 널리 쓰이고 있다.

영조 때의 실학자 유득공(柳得恭)이 쓴 「경도잡지(京都雜誌)」 기집조(器什條)에,

"통속적으로 놋그릇을 중요시하여 사람들은 반드시 밥, 국, 나물, 고기까지 일체의 식탁 용기로 놋그릇을 사용한다. 심지어는 요강, 세수대야까지도 놋쇠로 만든다."

라고 기록되어 있다.

이러한 기록으로 미루어보아서도 양반가를 비롯하여 일반 서민에 이르기까지 실생활 용구로서의 놋 제품이 얼마나 널리 대중화되었는지를 알고도 남음이 있다.

북쪽의 산간 지방에서는 놋동이, 놋양푼, 놋요강, 놋버치, 놋상 등 비교적 큰 것들을 만들어 썼으며, 중부 지방에서는 안성(安城) 지방을 중심으로 반상기(飯床器)와 제기(祭器) 등의 작은 식기류를 주로 만들어 썼다. 또 농사일을 주업으로 했던 남쪽의 함양과 김천 지방에서는 우수한 농악기를 만들어 썼다.

이처럼 널리 일반화되었던 전통적 의미의 놋쇠는 동 1근(지금의 600g)에 상납 4냥 반(약 168.7g)을 배합한 우리나라 특유의 재료이며, 일명 유철(鍮鐵)이라고도 한다.

옛 문헌인 「격고요론(格古要論)」에는,

"유석(鍮石)이란 자연동으로 품질이 정교한 것을 말한다. 노감석 (爐甘石)을 연성(煉成)하여 이루어진 것을 유(鍮)라고 한다."

라고 기록되어 있다.

「오주서종박물고변(五州書種博物考辯)」에는,

"유는 동에 주석을 넣은 것이며 놋쇠라고 한다. 이것을 만들려면 동 1근에 주석 4냥을 합치면 된다."
라고 하였다.

또한 최방(崔芳)이란 사람은 "동 1근과 노감석 1근을 녹이면 유석이 된다"라고 하였다.

그런데 여기에서 말하는 유(鍮)는 페르시아어로 아연의 원광을 뜻하는 'tutiya'에서 중국음인 'tiou'로 바뀐 글자라고 한다. 따라서 유기란 유석으로 만든 모든 기물을 일컬으며 노감석, 황동, 두석(豆錫), 진유(眞鍮) 등은 같은 뜻으로 쓰이는 말들이다. 그러나 고대의 황동은 현대 금속의 의미로서가 아닌 동으로 합금한 금속을 말한다. 고려시대에는 식기와 제기 등은 동과 주석만을 합금한 동합금으로 만들어 썼다는 기록이 있다.

질이 좋은 놋쇠는 전통적인 유기 제작 방법인 방짜(方字) 기법으로 제작했다. 방짜 기법이란 동과 석(錫)을 정확한 비율로 합금하여 두드려서 만드는 놋 제품 제작 기법이다.

그러나 조선조 중엽에 이르러 그 수요가 늘어나자 손으로 일일이 두드려서 만들던(鍛造) 방짜 기법 대신 손쉬운 주물(鑄物) 기법으로 제작하게 되었다. 이 주물 유기는 방짜 유기의 합금 비율과는 달리 구리와 아연의 합금인 황동이나 기타 잡금속을 섞어 녹인 금속을 주물틀에 부어 대량으로 생산해 내는 방법이다.

엄밀하게 말하자면 정확한 합금 비율로 만든 전통적인 방짜 기법의 놋쇠와 주물 유기는 구분해야 하지만 잡주물로 만든 유기까지를 통틀어 일반적으로 유기라고 일컫게 되었다. 그러나 전통적인 방짜 기법으로 만든 놋쇠 대신 잡금속을 섞어서 대량 생산하던 합금쇠를 퉁쇠라고 해서 전통적인 놋쇠와 엄밀히 구분했다.

8·15 이전만 해도 방짜 기법으로 만든 것만을 최고로 쳤다. 특히 놋그릇의 본산지였던 납청(納淸;평북 정주)에서는 양대(방짜) 유기

점은 놋점, 주물 유기점은 퉁점이라고 구분해서 불렀으며 또 놋쇠로 만든 그릇은 놋성기(成器), 퉁쇠로 만든 그릇은 퉁성기라고 구분해서 불렀다. 방짜 유기는 놋점에서도 사기가 쉽지 않았을 만큼 귀했고 값도 월등히 비쌌다.

무형문화재로 지정받은 방짜 유기장인 이봉주(李鳳周) 씨는,

"지금 우리는 모든 유기를 통틀어 놋그릇이라고 부르고 있으나 이는 해방 후에 놋그릇이 귀하고 주물 유기가 흔했던 탓으로 방짜와 주물 유기의 구별 없이 놋그릇이라고 한 데서 연유한 것이다. 그러나 '놋은 놋으로 때우고 퉁은 퉁으로 때운다'라는 속담도 있듯이 유기라고 다 놋그릇이 아니다. 방짜 기법으로 만든 놋쇠라야 상질(上質)의 놋성기이므로 이는 엄격히 구별되어야 한다."

라고 말한다.

따라서 유기의 재료와 제작 방법에 따라 놋성기(방짜기와 퉁성기)와 주물 유기는 구별되어야 한다.

또한 경기도 안성 지방의 주물 유기장인 김근수(金根洙) 씨는,

"해방 이전의 장인들은 경험에 의해 유기 성분을 상쇠, 중쇠, 하쇠로 나누고 상질의 쇠인 놋쇠는 유철(鍮鐵;동 70~72%＋주석 28~30%), 중간질은 청철(靑鐵;동 80~85%＋주석 15~10%)로 불렀다."

라고 말한다.

이는 주석이 우리나라에서 생산되지 않을 뿐더러 가격이 비싸 맞춤 반상기만 유철로 주조하여 상류층의 수요에 맞추었고 서민층을 위한 대량 공급품은 청철 및 주철을 사용하였음을 두고 하는 말이다. 그러나 식기나 악기 이외의 유기들은 동과 아연의 합금인 황동이나 기타 잡금속을 녹여서 주조하였다.

유기의 내력

유기의 재료는 성분과 비율에 따라 다소 차이가 있으나 넓은 의미로는 동을 기본으로 하는 비철금속과의 합금을 말한다. 따라서 그 시원(始原)은 일반적으로 청동기시대로 거슬러 올라가게 된다. 청동기시대란 석기시대, 청동기시대, 철기시대 등 주요한 이기(利器)의 재료에 따라 구분하는 고고학상의 시대 분류법에 따른 중간 시기를 말한다.

이 청동기시대는 기원전 3천 년경 서아시아에서 시작되어 유럽과 아시아 대륙을 거쳐 한반도에 전파되었다. 이 시기는 인류 역사에 있어 최초로 합금술이 발명된 때였으며 이 기술로 청동의 야금술(冶金術)이 발달하였다. 이에 따라 각종 생활의 이기들이 제작되어 사용하기 시작했다.

당시에 만들어진 꺾창(戈), 두겁창(鉾), 동검(銅劍) 등의 무기류와 청동세문경(靑銅細紋鏡), 방울 그리고 의기류(儀器類), 장신구(裝身具) 등은 매우 정교하다. 각종 기하학적 추상무늬의 특이한 조형이 매우 정교한 주조 기법(鑄造技法)으로 만들어졌다.

평양 지방의 낙랑에서 비롯된 금공술(金工術)은 한반도의 문화와 기술에 큰 변혁을 가져왔다. 낙랑을 몰아 내고 그들 한족(漢族)이 지녔던 금공 기술을 익히게 된 삼국시대인들은 새로이 금, 은의 채광법(採鑛法)과 야금술(冶金術)을 발전시켜 나갔다. 「삼국사기」 3권의 기록에 보면 경덕왕(景德王;742~765) 이전인 8세기경 신라에는 철유전(鐵鍮典)이란 기구를 두고 철과 유석을 관장하였다고 한다.

따라서 삼국시대와 통일신라시대는 금속의 재료면으로나 기술면에서 획기적인 발전을 가져온 때였다. 유석은 유기의 재료가 되었으며 이 합금을 특별히 '신라동(新羅銅)'이라고 불렀고 이는 널리 중국에까지 알려지게 되었다. 또한 동합금으로 종과 불상 등 불교 미술품들이 만들어졌다. 특히 유명한 황룡사 대종 및 봉덕사 대종(에밀레종)의 독특한 양식과 기능미는 신라인의 금공술을 잘 말해 주고 있다.

이러한 신라의 유물들이 고려시대의 금동미륵보살상, 반가사유상, 범종 등의 불교 조각품들과 더불어 세계적으로 매우 우수한 명품들이라는 것은 다 잘 아는 사실이다. 이는 금공술이 비록 중국을 통해 우리나라에 전해지긴 했으나 한반도에 전래된 뒤에 독자적인 금공 문화를 확립해 왔을 뿐만 아니라 멀리 청동기시대부터 닦아온 기예(技藝)의 결과라고 하겠다.

12세기에 들어와 고려에서는 각종 유기를 만들기 시작했다. 이 때부터 궁중과 반가(班家)에서 놋그릇을 쓰기 시작하게 된 것으로 본다. 이는 「고려사」 등의 문헌과 출토된 유물을 통해 증명되고 있다.

고려 때의 식기로 추측되는 현존 놋그릇들은 동체가 아주 얇고 질기며 거의 대부분이 구리와 주석의 합금으로서 방짜 기법으로 만들어져 있다. 문헌에도 "식기로 쓰이는 유기의 재료는 동과 주석만의 합금이었다"라고 기록되어 있어 주물 식기보다는 방짜 식기가 시기적으로 앞섰음을 알 수 있다.

또한 중국과의 교역을 통해 유기의 진가가 매우 높았을 뿐 아니라 우리나라에서는 주석이 채굴되지 않았기에 그 가치가 어떠했겠는가를 짐작할 수 있다.

조선시대에 이르러서는 숭유배불 정책의 영향으로 불교적 색채를 띠는 금공품이 그리 많지 않았다. 그 대신 담배함, 화로, 향로, 반상기 등 단순하면서도 소박한 느낌을 주는 새로운 형태의 생활 용품과 민예품이 많이 제작되었다. 그러나 우리 고유의 합금인 놋쇠로 만든 유기가 언제부터 밥그릇 등의 식기로 대중화되었는지에 대해서는 정확히 알 수 없다.

현재는 구리와 합금하는 금속을 그 재료의 혼합 비율에 따라 명칭도 세분하고 혼합 비율도 정확하지만 예전에는 당시의 제련술과 장인의 기술에 따라 합금량과 재료가 각각 달랐을 것으로 생각된다. 따라서 유품에 대한 정확한 해석은 현존하는 유물을 과학적 측정 방법으로 분석하기 전에는 정확히 알 수가 없다.

조선시대에는 제영(諸營) 각사(各司)에 각 분야별로 일정 수의 장인을 예속시켰다.「경국대전」의 경공장(京工匠), 외공장(外工匠) 조항에 규정된 장인의 수가 바로 이것을 말하는 것이다. 경공장 본조(本曹)에는 놋쇠의 장인인 유장(鍮匠)을 여덟 명 두었고, 외공장(外工匠)은 경기도에 세 명, 충청도에 네 명, 경상도에 일곱 명, 전라도에 여섯 명, 강원도에 두 명, 황해도에 두 명, 영안도(함경도의 옛 이름)에 네 명, 평안도에 여덟 명 등 전국에 마흔 네 명의 유장을 두었음을 「대전회통」의 기록을 통해 알 수 있다.

이 밖에 민간에도 유기장들이 산재해 있어서 대중적으로 상당량의 유기가 제작되었으리라고 추정되는데, 이는 「명종실록(明宗實錄)」의 "관하(官下)의 장인이 모자랄 때는 사장(私匠)을 불러다 썼다"라는 기록을 보아서도 알 수 있다.

각 지방에는 유기점이 따로 있어서 각종 유기를 다루었다. 이러한 유기점을 '놋점'이라고 했으며 일반 백성들은 이곳에서 사서 썼고 각 지방의 반가나 부호들은 맞춤 그릇을 썼다. 특히 안성의 맞춤 유기는 유명하여서 '안성맞춤'이란 말까지 생겨날 정도로 명물(名物)이었음은 다 잘 아는 사실이다.

현재 무형문화재 77호로 국가에서 지정한 유기 기능 보유자로는 주물 유기장에 김근수 씨, 방짜 유기장에 이봉주 씨, 반방짜 유기장에 윤재덕 씨가 있는데 이들 모두가 현재 전통 유기 재현에 심혈을 기울이고 있다.

전통 유기 만드는 법

우리나라의 전통적인 유기 제작 방법은 크게 세 가지로 분류할 수 있다.

그 첫째가 주물 유기법으로 불에 녹인 쇳물을 일정한 틀에 부어서 만들어 내는 방법이다. 이 때에 녹여서 붓는 쇳물의 성분이나 배합 비율에 따라 자유로운 합금이 가능하다. 또 이 방법은 같은 모양, 동일 규격의 제품을 다량으로 생산할 수 있다는 이점을 지니고 있으나 단조(鍛造)는 불가능하다. 주물 유기는 불에 달구어서 두드리면 늘어나지 않을 뿐더러 오히려 갈라지거나 깨지고 만다. 이는 금속의 재질이나 배합 비율이 '방짜'의 그것과는 다르기 때문이다.

일반적인 주물 기법은 합금한 재료의 배합 비율과 성분에 따라 그 색깔, 품질이 서로 다른 특성을 지니며 장인의 기술에 따라서 섬세하고 다양한 형태의 제품을 만들게 된다. 현재 중요 무형문화재로 지정받은 유기 기능 보유자인 김근수 씨가 안성에서 이 기법을 재현하고 있다.

둘째는 방짜 유기법이다. 방짜 유기란 정확하게 78 %의 구리와 22 %의 주석을 합금한 우리나라 특유의 금속 기법이다. 앞에서 말한

주물 유기와는 달리 정확히 합금된 놋쇠를 불에 달구어 메질(망치질)을 되풀이해서 얇게 늘여 가며 형태를 잡아가는 기법이다. 즉 놋쇠를 열간가공(熱間加工)하여 단조 기법으로 성형하는 방법을 말한다. 전통적으로 11명이 한 조(組)가 되어 조직적인 방법으로 만들어 낸다.

이런 기법으로 만들어진 방짜 유기는 휘거나 잘 깨지지 않으며 비교적 변색되지 않을 뿐 아니라 쓸수록 윤기가 나는 장점이 있다. 특히 성형할 때 두드린 메자국(울퉁불퉁한 자국)은 수공예품으로서의 은근한 멋과 품위를 풍겨 그 격이 한층 더하다. 이러한 독특한 전통 기법은 역시 무형문화재로 지정받은 유기 기능 보유자 이봉주 씨에 의해 재현되고 있다.

세째는 궁그름 옥성 기법이다. 흔히 반방짜라고 하는 이 기법은 전라남도 순천 지방에서 제작하는 오목한 형태의 식기를 만드는 기법이다. 궁그름이란 공구의 이름이며 옥성기란 그릇의 윗부분이 옥은(오무라든) 모양의 그릇이라는 뜻이다.

먼저 주물 유기 기법으로 그릇을 U자 모양으로 만든 다음 여러 차례 불에 달구어 가면서 오목하게 패어진 곱돌 위에 놓고 궁그름대라는 공구로 옥은 부분을 방짜식으로 늘여 가면서 만드는 방법이다. 다시 말하면 주조 기법과 방짜 기법을 절충한 방법이다. 이 방법은 그리 오래 된 방법은 아니며 순천 지방에서는 주로 작은 오목 식기나 요강 등을 만들고 있다. 이 기법은 현재 무형문화재 77호인 유기장 윤재덕 씨에 의해 명맥을 잇고 있는데 '반방짜 유기'라고 부르기도 한다.

주물 유기

전통 주조법(鑄造法)

전통적인 주조 기법이란 우선 만들고자 하는 제품에 알맞는 배합 비율로 합금한 쇳물을 미리 만든 틀(鑄型)에 붓고, 완전히 냉각시킨 다음 틀에서 꺼내어 표면과 세부를 다듬어서 마감하는 금공(金工) 기법이다.

이런 기법으로 주조된 제품은 배합한 금속의 성분 곧 어떤 종류의 금속재를 어떤 비율로 배합했느냐에 따라 청동 주물, 황동 주물, 백동 주물, 무쇠 주물 등으로 구분한다. 이런 여러 종류의 주물은 돌거푸집 방법이나 밀랍 방법 또는 주물사 방법으로 만든 틀에 부어 만들어 내게 되는데 그 틀을 만드는 법은 각각 다음과 같다.

돌거푸집 방법　　돌거푸집은 인류가 금속을 녹여서 일정한 형태의 기물을 만들기 시작할 때부터 이용한 인류 최초의 거푸집 방법이다.

거푸집이란 녹인 쇳물을 부어 주조해 내는 주형으로서 한자어로 는 용범(鎔范)이라고 한다. 따라서 돌거푸집은 돌로 만들었다는 뜻이며 돌 중에서도 주로 다루기 쉬운 곱돌로 만들었으며 더러는 편암재(片岩材)를 쓰기도 했다.

기원전 3세기경까지는 돌로 만든 거푸집을 이용하여 청동기를 만들었으며 사암(砂岩)과 활석(滑石)으로 만든 거푸집들이 청동기 시대의 유적에서 발견되고 있다. 곱돌은 무르기 때문에 조각하거나 다듬기가 쉽고 또 표면을 곱게 처리할 수 있을 뿐 아니라 열에 강해 서 좀처럼 터지지 않는 장점을 지니고 있다.

돌거푸집은 암수 두 틀을 합한(이것을 合范이라고 한다) 위쪽에 있는 구멍(鑄口)을 통해 녹인 쇳물을 붓는다. 부은 쇳물이 식어서 굳은 다음에 암수 틀을 떼내고 거칠거칠한 표면을 숫돌로 곱게 갈고 다듬어서 마무리한다. 검(劍), 거울(銅鏡), 단추 같은 것을 이런 방법으로 부어서 만든다. 근래에 경기도 용인에서 발견된 사암제(砂岩製) 동검(銅劍) 주형은 그 당시의 합금 주조 기술을 짐작하게 해준다.

밀랍 방법(蜜蠟方法)　　밀랍은 열에 쉽게 녹으며 재질이 물러 본을 만들기 쉽기 때문에 이 성질을 이용해서 틀을 만드는 방법을 말한다.

우선 밀랍으로 주조하고자 하는 기물의 형태를 만들고 그것을 고운 진흙으로 완전히 덮어 씌워 잘 말린다. 진흙이 완전히 마른 뒤에 그 틀을 불에 구우면 속의 밀랍이 녹아서 밖으로 빠지게 된다. 진흙으로 덮어 씌울 때 밀랍이 녹아서 흘러나올 구멍(나중에 녹인 쇳물을 붓는 주구)을 내어 두어야 한다. 이렇게 속의 밀랍이 다 빠지고 나면 속이 빈 거푸집이 생긴다. 여기에 쇳물을 부어 주조하는 방법을 밀랍 방법이라고 한다.

이런 방법은 섬세하고 복잡한 무늬나 곡형(曲型)의 주조물을 만들 때 쓰던 방법이다. 현재는 세밀한 장식물이나 장신구를 만드는 데 많이 이용되며 이 방법이 정밀 주조법의 시원(始原)이다. 금동 불상이나 정밀한 무늬가 새겨진 방울, 미세한 줄무늬의 거울 등을 이런 방법으로 주조했다.

주물사(鑄物沙) 방법　　갯토라고 하는 특별히 만들어진 흙으로 주조하고자 하는 형태의 암수 원본인 번기를 이용하여 기물의 형태를 만든 후 그 사이에 녹인 쇳물을 부어 주조하는 방법을 말한다. 이 방법에는 주물사인 갯토를 다져 넣기 위한 여러 형태의 틀이 필요하게 되는데 이와 같은 틀을 토틀이라고 한다.

토틀은 끈적끈적한 황토에 짓이긴 삼베를 넣어서 만든다. 이 토틀은 비철금속보다 오히려 무거운 단점이 있지만 터지지 않는 이점이 있어서 해방 후까지 널리 사용된 주물틀이다. 지금은 비철금속으로 만든 틀(주형)을 사용한다. 이 토틀로 주조하는 주물사 방법을 무형 문화재로 지정된 유기 기능 보유자인 김근수 씨가 재현시켜 주물 유기를 만들어 내고 있다.

주물의 종류

주물은 사용하는 금속의 종류 또는 합금의 성분 비율에 따라 청동 주물, 황동 주물, 백동 주물로 분류한다.

청동 주물　　청동은 구리를 기본으로 하는 합금의 일종이며 인류가 발견한 최초의 합금이다. 또 청동 주물은 인류가 쇠붙이를 이용하기 시작했던 아득한 옛날부터 널리 보급되었던 가장 보편적 이면서도 중요한 주물(鑄物)의 일종이다.

일반적으로 순동(純銅)에 주석을 섞어서 썼으나, 주조할 때의 용융점을 낮추고 주조한 뒤의 표면 처리와 마감 처리를 다소 쉽게 하기 위해 아연, 납, 비소 등을 섞었다. 특히 아연을 섞는 것은 우리 나라 특유의 합금술로서 주조할 때의 유동성에 도움을 주기 위해서 이다. 또 아연을 섞으면 주조물이 잘 부식되지 않는 이점이 있기 때문이기도 하다. 이는 북한의 청동기시대 유적에서 발굴된 기원전 10세기경 청동 제품의 분석 결과 알게 되었다.

이렇게 금속을 첨가하는 기법은 그 당시 채광된 광석 자체에 포함 되어 있던 다른 금속이 주금속이 녹을 때 함께 녹음으로써 우연히 알게 되었을 것으로 생각한다. 그 뒤부터는 오랜 경험을 통해 배합 비율을 알게 되었으며 주석이나 아연을 많이 넣을수록 단단한 청동 이 된다는 사실도 알게 되었다.

이렇게 청동기시대 이후로 계속 합금술이 발전하여 주조물은 그 용도와 기능에 알맞도록 합금의 성분과 비율을 조절하여 주조하 게 되었다. 기록에 의하면 악기를 만드는 데 쓰이는 향동(響銅)은 납의 함유량이 거의 없는 두 광산의 양질의 주석을 채광해서 썼다고 한다. 징, 북 같은 악기는 보통 홍동(紅銅) 여덟 근에 광석(廣錫) 두 근을 섞어 만들고, 바라 등을 단조할 때는 사용할 동과 주석을 좀더 정련해야 한다고 한다.

"한국의 대종(大鐘)들이 동과 주석과 납에 아연을 섞는 합금으로 만들어졌다"라는 「고려사」의 기록은 종의 재료 분석 결과에서도 확인되었다.

현대에 이르러 실용되는 청동의 종류는 다양하다. 기계용 청동은 일명 포금(砲金)이라고도 하는데 포금은 원래 구리 90%에 주석 10%로 조성되는 합금이며 예전에는 포신(砲身)의 재료로 사용되었다. 강도나 연성(延性)이 모두 크고 내식성(內蝕性)과 내마멸성이 우수한 특성을 지니고 있다.

그 밖에 특수 청동으로 인 청동, 알미늄 청동, 연 청동, 규소 청동, 베릴륨 청동, 망간 청동, 니켈 청동 등이 있다.

황동 주물(黃銅鑄物)　　동 60~65%와 아연 35~40%의 합금으로 된 주물을 말한다. 황동은 주로 향로, 향합, 촛대, 화로 그리고 일상 생활 용구를 만드는 데 썼다.

송응성(宋應星)의 「천공개물(天工開物)」에는,

"노감석은 아연의 원광을 말하며 동에다 이 노감석을 넣으면 유석이 되고 여기에다 다시 주석과 납을 더 넣어서 질을 조정하기도 한다."

라고 기록되어 있다.

또 노감석이나 이것을 제련하여 얻은 왜연(倭鉛)을 동에 넣어서 녹인다. 후대 사람들은 노감석이 휘발성이 매우 높아서 소모량이 많다고 여겨 아연으로 대용하였다고 한다. 「세종실록지리지(世宗實錄地理志)」에는 황해도 봉산군이 노감석의 산지로 기록되어 있다.

옛 기록에 따르면 홍동 육성품(紅銅六成品), 왜연 사성품(倭鉛四成品)의 비례로 용해하면 가장 아름다운 황동이 된다고 했으며 이와 같이 해서 만들어진 황동을 우리나라에서는 두석(豆錫)이라고 한다. 또한 좋은 동기(銅器)는 서너 차례 용해해서 제련한 삼화황동(三火黃銅)이나, 사화숙동(四火熟銅)으로 제작했으며 이러한 황동에는 동 70%, 아연 30%가 들어 있다고 기록되어 있다.

오늘날의 황동은 아연의 함유량이 약 45%까지이고 제일 흔히 사용되는 합금은 아연 30~40%의 황동이다. 아연 함량이 2~20%인 단동(丹銅)은 미술 공예품 및 장식품에 사용된다. 황동은 기계적 성질과 내식성, 주조성 및 가공성이 좋으며 색깔도 아름답고 청동에 비해 값도 싸므로 많이 이용된다.

특수 황동으로는 연 황동, 주석 황동, 철 황동, 알미늄 황동, 양백 황동, 규소 황동 등이 있다.

주물 유기 제작 공정

현재 중요 무형문화재 제77호 유기 기능 보유자 김근수 씨가 제작하고 있는 주물 유기의 공정은 대략 다음과 같다.

부질(주물) 작업　　부질이란 녹인 쇳물을 일정한 틀에 부어 원하는 모양을 만드는 과정을 말하며 부질하는 곳을 부질간, 부질하는 장인을 부질대장이라고 부른다.

갯토 만들기　　갯토란 주물사를 말한다. 일명 '해토'라고도 하는데 조수물이 교차될 때 가라앉는 모래도 흙도 아닌 앙금이다. 이것을 건조시킨 후 체로 곱게 쳐서 산수 처리한 것을 말한다. 이렇게 처리된 갯토는 각종 기물의 본을 넣는 틀에 다져 넣어 쇳물을 붓는 원형 곧 거푸집을 만드는 데 쓰인다. 주물할 수 있는 기물의 본을 번기(番器)라고 한다.

쇳물 끓이기(용해 과정)　　주물할 금속을 합금 비율로 도가니에 담고 이 도가니를 화덕 속에 넣는다. 계속 풀무질을 해가며 용융 상태를 살핀다. 금속에 따라 차이가 있으나 보통 유철인 경우 섭씨 900도 이상에서 쇳물을 끓이게 된다.

번기(番器) 형태 만들기 쇳물이 준비되는 동안 부질대장은 쇳물이 들어갈 번기의 형태를 만든다. 즉 갯토판 위에 틀을 놓고 그 위에 송탄가루를 뿌린 후 갯토를 넣어 다진다. 표면을 잘 다듬고 모지래로 본틀 주변에 물칠을 한 후 엎어서 번기를 살짝 들어 올리면 거푸집의 암틀이 된다. 암틀 한쪽에 무집이라 하여 쇳물이 들어가는 길을 만든다. 위와 같은 방법으로 다시 수틀을 만든다.

그을음질하기 그을음질을 하면 쇳물이 잘 스며들고 그것을 단단히 말리기 위해서 암틀과 수틀 윗면을 엎어 놓고 그을음질하게 된다.

쇳물 붓기 암틀을 등가래(쇳물을 부을 때 가스가 생기면 튈 우려가 있으므로 벽에 밀착시켜 놓는 판자를 말한다)에 밀착시키고 수틀을 밀어 넣는다. 끓인 쇳물을 붓기 전에 도가니 위의 불순물을 제거한 후 유석을 첨가함으로써 온도를 맞춘다. 이후 완성된 번기틀의 유구(쇳물 주입구)에 붓는다.

가질 작업 가질이란 부질하여 만들어진 기물의 형태를 깎고 다듬는 것을 말하며 가질하는 곳을 가질간, 가질하는 장인을 가질대장이라고 부른다. 가질틀과 가질칼은 가질간에서 가장 중요한 공구이다.

가질틀이란 양발을 교대로 눌러서 부착된 기물이 돌아가며 깎일 수 있도록 만든 돌림틀이다. 현대의 모터에 의한 회전틀과는 달리 감각적으로 모양을 다듬을 수 있다는 것이 발틀의 장점이다. 가질틀의 윗부분에 장부(기물을 끼운 머리목을 박아 움직이지 않게 하는 것)가 있어 기물에 알맞는 머리목을 고정시킨 후 다시 주물된 기물을 끼워 넣고 질나무에 가질칼을 대고 속도를 발로 조정하며 수차례 반복하여 깎게 된다. 이 때 모칼과 평칼을 사용하여 세밀히 깎아 다듬는다.

주물유기 제작 공정

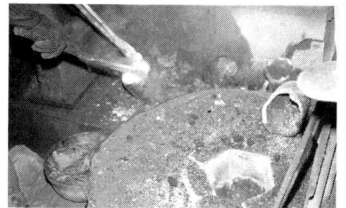
1.쇳물 끓이기

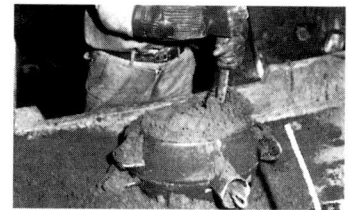
2.갯토 다져 넣기

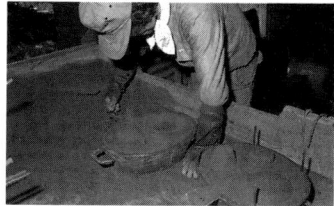
3.번기 형태 만들기

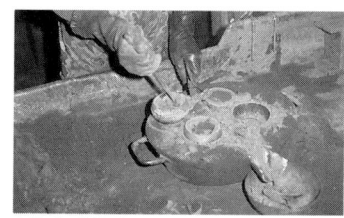
4.무집 만들기

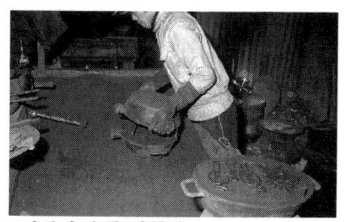
5.암틀과 수틀 만들기

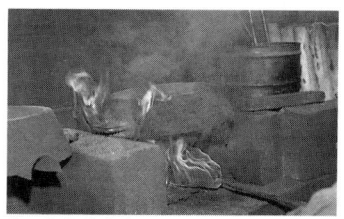
6.그을음질하기

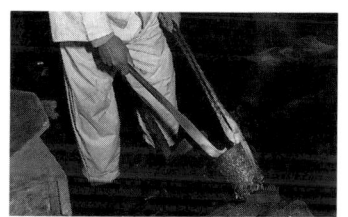
7.쇳물 붓기

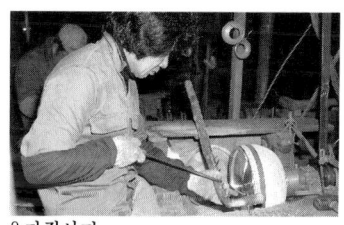
8.가질하기

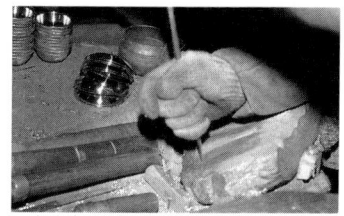
9.가질칼 갈기

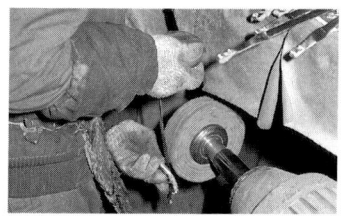
10.마무리하기

마무리 작업 가질 작업이 끝난 후 쇠기름에 곱게 빻은 기왓가루를 혼합하여 걸레에 묻혀 가질틀에 대고 돌리면 소박하고 은은한 유기의 광을 얻을 수 있다. 일반적으로 이와 같이 광내는 작업으로 마무리짓는 게 보통이다.

그러나 경우에 따라서는 굽과 기물이 따로 만들어져 부착이 필요하게 되면 조임질을 하여 기물을 완성시키거나 식기, 화로, 신선로 등 조이질이 필요한 경우 장식하여 마무리짓게 된다.

방짜 유기(方字鍮器)

방짜 유기의 시작

방짜란 일정한 비율의 구리와 주석의 합금을 일컫는 말이다. 즉 78%의 구리와 22%의 주석을 정확한 비율로 합금한 좋은 질의 '놋쇠'를 말하며 방짜 유기란 이 놋쇠로 두들겨 만든 놋 제품을 총칭한다. 한자어로는 양대납청성기(良大納淸成器)라고 하며 일반적으로는 방짜(方字)라고 부른다.

양대납청성기라는 이름은 평북 정주 지방의 납청이라는 곳이 놋대야, 놋양푼, 놋상 등 주로 큰 놋 제품을 많이 만들던 놋그릇의 본산지였기 때문에 붙은 이름이다. '양대'는 '방짜'라는 뜻의 이북말이다. 곧 납청에서 만든 방짜 그릇(成器)이라는 뜻이다.

납청은 평안북도 정주군 마산면 청정동(淸亭洞)을 일컫는 말로 정주읍과 박천(博川)읍 사이에 있는 약 4백여 호의 산간 마을이다. 이곳은 예로부터 방짜 유기를 만들기 시작하여 대대로 물려 온 유기점들이 모여 있어서 대부분이 유기업에 종사하거나 이와 관련된 일로 생업을 삼는 사람들이 모여 살던 고장이었다.

구전(口傳)에 의하면, 처음에는 엽전을 쳐서 유기 제품을 만들기 시작하다가 차차 주발, 대접 등의 식기를 방짜 기법으로 만들게 되었고 그 후로 기술이 축적되고 생업으로 정착하게 되자 놋대야, 놋양푼, 놋요강, 놋상, 농악기 등 비교적 큰 기물까지 만들게 되었다고 한다.

그러나 유기가 차차 대중화하여 식기류의 수요가 급증하자 방짜 기법으로 제조해서는 늘어나는 수요를 따를 수 없게 되었다. 그래서 주물 기법에 대한 기술이 개발되어 시간이 많이 걸리는 방짜 기법 대신 손쉬운 주물 기법으로 식기류 등의 소형 기물을 제작해 내게 되었다. 다만 주물로 만들기가 어려운 큰 기물은 여전히 방짜 기법으로 계속 만들었다. 이 납청 방짜는 그 지역뿐만 아니라 평안도 일대는 물론 함경도를 위시한 전국과 멀리 만주 지역에까지 널리 보급되어 그 명성을 떨쳤다.

또한 한일합방을 전후하여 반상(班常)의 사회 계급 체제가 와해되면서 경제적 특권을 누리던 양반 중심의 상류계층에서만 독점되던 상질의 놋성기가 차츰 서민층에도 생활 필수품으로 쓰이게 되었다. 이에 따라 수요가 급증하면서 지방 곳곳에 유기를 만드는 공장들이 늘어나 유기 제품이 흔하게 되었다. 그러나 불행하게도 일제 말기에 이르러 물자, 특히 무기에 필요한 쇠붙이가 결핍되자 일인들은 한국에 널리 깔려 있던 유기를 마구 공출(供出)해 갔으며 수많은 유기 공장들이 문을 닫게 되었다.

납청대장도 예외가 아니어서 그곳에 있던 장인들이 뿔뿔이 흩어지고 말았다. 이 때의 기능자가 평양, 사리원, 만주, 안동, 삭주, 서울 등에 각 한 명씩 정주하게 되었다. 그러던중 다행히 제2차 세계대전이 끝나 겨우 유기 산업이 회생되어 그 명맥을 잇게 되었다.

그러나 그나마도 새로 연탄의 사용이 늘면서 유기 산업은 완전히 사양화되고 말았다. 연탄 가스로 인해 유기가 꺼멓게 변색되고 녹이 낀다고 하여 그 사용을 기피하게 되었기 때문이다. 이에 설상가상으로 3·8선으로 인한 남북간의 왕래마저 단절되면서부터는 자취를 감추어 버릴 지경에 이르렀던 것이다.

그런 중에서도 현재 중요 무형문화재 유기 기능 보유자로 지정된 이봉주 씨가 평북 정주에서 단신 월남하여 역시 정주 출신인 고 (故) 탁창여 씨의 서울 양대 유기 공장에서 유기를 제작해 왔으며 이제는 자영(自營)을 하고 있다. 벌써 40여 년째 방짜 유기의 전통을 간신히 이어 오고 있는 이봉주 씨와 함께 1983년도에 공동으로 지정된 기능 보유자인 주물 유기장 김근수 씨와 반방짜 유기장 유재덕 씨가 사라져 가는 전통 유기 기법의 명맥을 이어 가고 있다.

방짜 합금의 특성

지난 1986년 공업진흥청에서는 방짜 유기 기법으로 만든 유기 제품에 대한 과학적인 해석을 한 바 있다. 이는 단편적이긴 하나 제품의 기계적 성질과 현미경으로 조직을 관찰하고 해석 결과를 수치화한 것이다.

방짜 금속의 화학 성분

이봉주 씨가 만드는 방짜의 합금비는 순동 16냥에 주석 4냥 5돈이다. 즉 16:4.5로서 78%의 구리와 22%의 주석을 합금한 주석 청동이라고 할 수 있다. 이런 합금은 일반 공업용 합금에는 없으며 비교적 유사한 재질은 CAD No.913, 곧 81Cu-18Sn이라고 할 수 있다. 이 CAD No.913 동합금의 특성은 표 1, 2, 3과 같다.

표1

구리(Cu)	주석(Sn)	납(Pb)	아연(Zn)	칠(Fe)	인(P)
82.0이하	19~20.0	0.25이하	0.25이하	0.25이하	1.0

CAD No. 913 동합금의 화학성분(중량%)

표 2

융점	액상선(890℃)	고상선(798℃)
비열	0.09Cal / kg / ℃	ⓐ 20℃
탄성계수(인장)	11,200kg / ㎟	

CAD No. 913 동합금의 물리적 특성

표 3

인장강도	24.6kg / ㎟
경도	HB(3,000kg) 170
연신율(표점간50mm)	0.5 %

CAD No. 913 동합금의 기계적 특성

방짜 합금의 화학적 특성

섭씨 950~1,000도에서 녹여 부은 78Cu~22Sn의 용량은 붓고 나서 온도가 서서히 내려가면서 냉각되면 '표 4'와 같은 금속 조직 상태를 나타낸다. 곧 Cu~Sn Phasediagram이라는 조성 과정에서 액체 상태로부터 상온까지 냉각시켰을 때의 금속 조직 상태를 나타 내며 그리고 각 상은 α, β, γ, δ, ε 등으로 나타낸다.

이상과 같이 δ, ε는 깨지기 쉽고 α, β, γ는 견고도가 크므로 섭씨 1,200도에서 녹여 주조하면 깨지기 쉬운 결함을 극소화할 수 있 다. 용해로에서 주조할 때까지 사이에 온도가 떨어져 실제 주입할 때의 온도는 섭씨 950~1,000도가 된다. 이 때 나타나는 δ상이나 ε상은 금속간 화합물로서 경(硬)하고 취약하여 상온에서 단조하면 깨져 작업을 할 수 없게 된다. 그러므로 단조를 하려면 δ상이 아직 나타나지 않은 요소인 섭씨 520도 이상일 때에 열간 가공을 해야

표 4

온도	주석(%)	반응	반응식	(주)
870℃ 정도			액체→액체+α	·870℃:응고하기 시작 ·798℃:응고완료 ·586℃:β상이 α상과 γ상으로 변태 ·520℃:γ상이 γ상과 δ상으로 변태 ·350℃:변태속도가 매우 완만하여 일반적으로 안 나타남
798℃	25.0	포정반응	액체→α+β	
586℃	24.6	공석변태	β→α+γ	
520℃	27.0	공석변태	γ→α+β	
350℃	32.6	공석변태	δ→α+ε	

표 5

형태	결정구조	색	(주)
α상 고용체	f, c, c	동적(銅赤)	·α상:부드럽고 전연성이 좋음 ·β상:강도 높으나 전연성이 나쁨 ·γ상:강도 높으나 전연성이 나쁨 ·δ상:단단하고 취약함 ·ε상:단단하고 취약함
β상 고용체	b, c, c	등황(橙黃)	
γ상 고용체	b, c, c	등황(橙黃)	
δ상 금속간 화합물		청백(靑白)	
ε상 금속간 화합물	h, c, p		

깨어지지 않는다.

그러나 이런 공정을 통해 성형이 되고 만들어진 제품은 실제로 사용하면 깨지기 쉽다. 그래서 이 취약점을 방지하기 위해 섭씨 520도 이상의 온도에서 담금질(quenching)을 함으로써 합금이 응고할 때 δ상이 나타날 여유 없이 급속하게 상온이 되게 하면 경한 δ상이 적고 부드러운 γ상이나 β상이 함께 나타나서 강인해진다.

옛 장인들은 오랜 경험을 통해 이런 합금의 성질을 터득하여 망치 성형을 한 뒤에 담금질을 했던 것이다. 방짜 제품을 가열하거나 열을 사용하면 안 된다고 하는 까닭도 이 때문이다. 즉 완성된 제품

(δ상이 적은)에 가열을 하면 δ상이 석출(析出)하여 취약해지기 때문이다. 그러므로 방짜의 가공은 열간에서 하고 다금질로 끝처리를 하는 것이다.

특히 농악기는 그 합금 비율로 소리의 우열이 결정된다. 다른 이물질이 섞이면 제 소리가 나지 않는다. 다만 금이나 은이 소량 섞이면 쇠가 질겨지고 더 맑은 소리를 내게 되는데 농악기의 소리는 두께, 형상, 화학적 성분, 금속 조직 등에 따라 차이가 생기게 되므로 이런 요소들이 검토 관리되어야 한다.

앞으로도 이런 농악기에 대한 음의 분석, 금속 재료의 전문적인 연구와 분석이 이루어져야 할 것이다.

방짜 유기 제작의 인원 조직

"혼자 할 수 없는 일이 놋그릇 만드는 일"이라는 말대로 방짜 유기는 한두 사람만으로는 만들어지지 않는다. 방짜 유기를 만들려면 일정한 인원이 조직적으로 작업을 해야 한다.

즉 방짜 유기를 만드는 데는 일정한 인원이 구성되고 조직적인 작업을 하게 되는데, 이 한 팀을 '한 점(店)'이라고 부른다. 이 점의 리더인 원대장을 점주(店主)라고 하며 한 점은 점주를 포함해서 11명으로 구성된다. 따라서 이 11명의 일사불란한 협동 작업으로 일이 이루어진다.

점주는 숙련된 유기 제작 기술이 있는 장인이 되며, 때로는 점주가 곧 자본주가 되기도 한다. 전주(錢主;자본주)가 따로 있을 때라도 구성원에 대한 임금 분배나 인사권은 전주에게 있는 게 아니라 점주에게 있다. 점주인 원대장의 권한이 그만큼 크고 중요하다. 점주를 비롯한 각 구성원의 역할은 다음과 같다.

원대장　　점의 우두머리로서 모든 작업을 지휘 감독하며 절대적인 권한을 갖는다. 전주와 상의해서 제품 한 근당 공임을 정하고 구성원의 품삯을 결정 분배하는 등 모든 책임을 진다. 유기를 제작할 때 원대장은 화덕을 전면으로 바라보고 왼편에 앉아 다른 대장들의 메질(망치질)을 총지휘하며 냄질된 우개리를 협도로 다듬고 닥침질할 때 모양을 잡아 담금질하는 일을 한다. 그릇의 틀을 잡는 데 있어 원대장의 역할이 절대적이며 고도의 기술이 뒷받침되어야 한다.

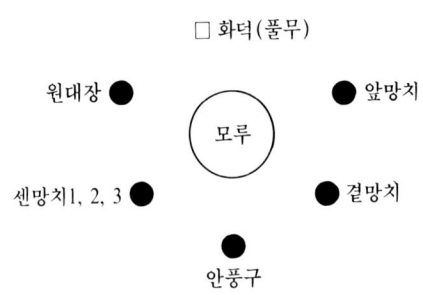

방짜 유기를 만드는 인원 배치

앞망치　　원대장의 정면에 앉는다. 화덕에서 달구어진 바둑을 빠른 동작으로 모루 위에 올려 놓는 역할을 하며, 담금질되어 비틀린 형태를 벼름질한다.

곁망치　　앞망치의 왼편에 앉아 센망치와 함께 달구어진 바둑을 늘이는 일을 한다. 가질 작업을 할 때 옆에서 칼을 갈아 주기도 한다.

센망치　　센망치는 3명으로 되어 있다. 달구어진 바둑을 세게 쳐서 넓히는 일을 하므로 힘이 세어야 하며, 가질 작업을 할 때 센망치 두 명은 가질틀을 교대로 밟아 가질대장이 힘이 덜 들도록 도와준다.

네림대장　안풍구가 달구어 놓은 바둑을 재빨리 받아 모루 위에 놓는 역할을 한다. 쇠의 열을 잘 간파하여야 하며 센망치와 손발이 잘 맞아야 한다.

겟대장　쇠를 녹이고 불순물을 제거하여 합금하는 일을 전담하며 제작 과정에서 생기는 구멍을 땜하기도 한다. 겟대장의 합금 능력에 따라 유기의 질이 좌우되므로 숙련된 기술이 있어야 한다.

밖풍구　밖풍구는 바깥 풍구란 말이며 겟대장에 딸린 풀무꾼을 말한다. 겟대장의 조수로서 화덕에 불을 지피고 잔심부름 등을 한다.

안풍구　원대장에 딸린 풀무꾼으로 항상 원대장보다 한 시간쯤 먼저 나와서 화덕에 불을 피워 놓고 겟대장이 만들어 놓은 바둑을 잘 달구어 내는 역할을 한다.

가질대장　앞망치의 일이 끝난 기물의 표면을 깎아 다듬어 완성하는 일을 맡는다. 가질틀을 돌려 깎는 데는 힘이 많이 들기 때문에 센망치꾼 두 명이 교대로 밟아 주고, 곁망치는 옆에서 칼을 갈아 주며 가질일을 돕는다. 김천 지방에서는 앞망치를 앞미, 곁망치를 곁미, 센망치를 센미라고 부른다. 함양 지방에서는 앞망치꾼을 앞메꾼, 곁망치를 점메꾼, 센망치를 셈메꾼, 풀무꾼을 불메꾼이라고 부른다.

방짜 유기의 제작 공정

방짜 유기의 제작 공정은 크게 용해 과정, 단조 과정, 가질 과정, 마무리 과정의 4단계로 나눌 수 있다. 물론 각 과정별로 더 세밀하게 분류할 수 있겠지만 중요한 공정을 추려서 살펴보면 대략 다음과 같다.

합금하기　순동 16냥(1근)에 주석 4냥 5돈의 비율로 합금하는데, 우선 쇠를 담은 도가니를 화덕에 넣고 풀무질로 열을 올리게 된다. 예전에는 목탄을 연료로 하였으나 요즈음은 경유를 사용하며 모터로 송풍하고 있다. 또한 과거에는 고철 공장에서 들여 온 놋쇠를 겟대장이 식별하여 썼으나 현재는 수입되는 말레이지아산 주석에 순동을 합금하여 쓰고 있다.

풀무질을 시작해서 40분이 지나면 쇳물이 녹기 시작해서 30분 정도 더 끓이면 적당한 열도(熱度)가 된다. 붉은빛에서 흰빛으로 변할 때가 가장 적당한 온도라고 볼 수 있는데 이는 겟대장의 오랜 경험에 의하여 식별되며 따라서 이 부분은 숙련된 기술을 요한다.

바둑 만들기 물판에 쇠기름을 바르고 그 위에 고운 쌀겨를 뿌려 쇳물을 부을 때 생기는 기포를 막는다. 물판에 쇳물을 부은 후 위에 뜬 불순물을 고물개로 거두어 낸다. 물판에 부어 만들어진 형태는 둥글넓적한 바둑알 모양 같다고 하여 '바둑'이라 부른다.

네핌질 안풍구는 원대장보다 작업 1시간 전에 미리 나와 겟대장이 만들어 놓은 바둑을 불에 달구어 놓는다. 새벽 1시경에 원대장이 나오면 네핌 작업이 시작되는데 네핌질이란 바둑을 늘여 넓히는 작업을 말한다.

안풍구가 달구어 낸 바둑을 네핌대장이 재빨리 받아 모루 위에 올려 놓으면 원대장은 집게로 바둑을 잡고 돌려 가며 칠 곳을 지시한다. 이 때 센망치가 원대장의 지시에 따라 쳐서 늘이게 된다. 바둑이 어느 정도 늘어나면 다시 달구어진 다른 바둑을 겹쳐 놓고 쳐서 넓히는 과정을 반복한다.

여러 겹의 바둑을 함께 작업할 때 바닥에 간수를 칠하면 들러붙거나 갈라지는 것을 방지할 수 있다고 한다. 또한 한번에 여러 겹의 바둑을 쳐서 넓히는 일은 시간과 노력을 줄일 수 있어 효율적이다. 이 때 전체적으로 두께가 고르게 잘 늘어나도록 기술적인 조절이 필요하며 자주 열풀림을 해주어 달궈진 상태에서 쳐야 한다. 바둑이 식은 후에 내리치면 깨지기 때문이다.

그러므로 네핌은 달굼의 정도를 잘 식별하여야 하기 때문에 주로 밤 시간에 작업하게 된다. 여러 개의 바둑이 원하는 형태로 늘어나면 네핌대장은 열풀림을 자주 하면서 가장자리를 협도로 베어 낸다.

우김질　네핌질이 끝나 넓혀진 바둑을 안풍구가 세 개씩 달궈(식지 않게 하기 위해서) 내보내면 원대장이 재빨리 받아 모루 위에 놓는다. 이 때 원대장 정면에 선 앞망치 그리고 좌우편에 선 결망치와 센망치가 원대장의 장단에 맞춰 메를 내리쳐서 바둑을 늘인다.

곧바로 안풍구가 미리 달구어진 바둑을 내보내면 먼저 쳐서 늘여진 바둑 위에 겹쳐지게 되는데 이 일을 앞망치가 담당한다. 대장은 큰 집개로 바둑을 함께 잡아 불에 달구어 모루 위에 놓으면 망치꾼들이 쳐서 늘게 된다. 이와 같은 과정을 반복하여 늘어난 바둑의 같은 기형이 12개 정도 겹쳐지게 되는데, 이렇게 하는 작업을 우김질이라 하며 함양 지방에서는 도듬질이라고 한다.

냄질　우김질된 바둑은 U자형의 그릇 모양으로 겹쳐지게 되는데, 이것을 하나씩 떼어 내는 작업을 냄질이라고 한다. 떨어진 하나를 우개리라고 하며 우개리질한다고 말한다. 또한 함양 지방에서는 이가리질이라고 한다. 이 때 떨어진 우개리에 간수를 칠해 주는데 이로 인해 쇠가 물러지고 질겨지므로 작업하기가 훨씬 수월하다고 한다.

닥침질　냄질이 끝난 우개리를 불에 달구어 형태를 바로잡는 작업을 닥침질이라고 하는데 함양 지방에서는 싸개질이라고 한다. 닥침질은 6명이 닥침망치를 이용하여, 원대장이 다듬어 준 우개리를 같은 동작으로 서로 잡아 닥치며 바닥을 문지르는 데서 나온 말이다. 이 닥침질 과정에서 원하는 대상의 모양이 초보적으로 이루어지며 징, 꽹과리 등은 대부분 이와 같은 과정에서 이루어진다.

제질　닥침질이 끝난 기형을 계속 불에 달구어 가면서 성형하는 과정을 제질이라고 한다. 이 때 제질돌과 각종 제질망치들이 사용되어 기형을 만들게 된다.

　　담금질　　제질이 끝나 원하는 모양과 형태가 만들어지면 불에 달구어 재빨리 찬물에 담그게 되는데 이 작업을 담금질이라고 한다. 담금질은 달군 쇠의 강약의 질을 잡고 경도를 높여 주기 위한 작업이다. 담금질하기 전에는 눈만 흘겨도 깨어진다는 말이 있을 정도로 그 과정이 어렵다고 한다.

　　벼름질　　담금질된 기물은 찬물에 넣는 순간 형태가 일그러지게 되는데 원래의 형태대로 잘 잡아 주는 작업을 벼름질이라고 한

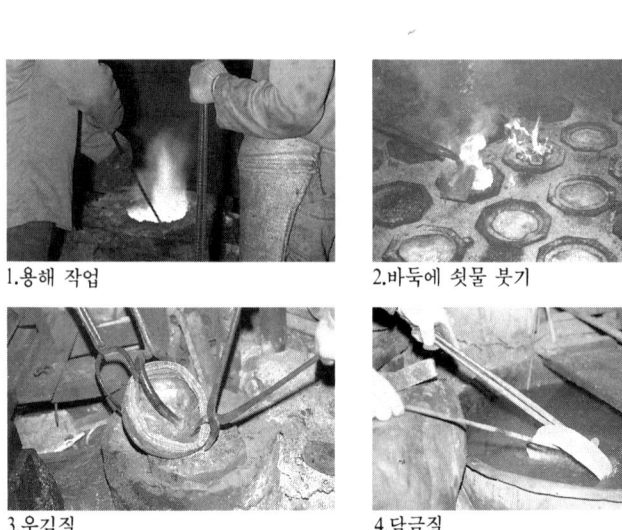

1.용해 작업

2.바둑에 쇳물 붓기

3.우김질

4.담금질

5.벼름질

6.가질 작업

다. 앞망치가 식은 상태에서 주먹망치, 황새망치, 바닥망치, 주머니 망치 등을 사용하여 잘 펴주며 징이나 꽹과리 등의 농악기를 만드는 데는 이 벼름질 과정이 매우 중요하다.

이상의 일에서 일단 원대장, 네핌대장, 안풍구, 밖풍구의 일은 끝난다.

가질　가질이란 주물 유기에서와 마찬가지로 가질하는 일을 말한다. 공구나 사용 방법도 동일하나 방짜 유기에 있어서는 큰 기형을 가질할 때 두 사람의 센망치가 교대로 틀을 발로 돌려 주고 곁망치가 옆에서 계속 칼을 갈아 줌으로써 작업 능률을 올린다. 벼름질된 기물을 가질틀의 머릿목에 끼워 엄쇠로 고정시킨 후 질나무에 칼대를 대어 깎아 완성한다. 이 때 기형에 따라 뒷면에 메자국을 남기기도 하고 동심원의 무늬를 넣기도 한다.

방짜 숟가락 만드는 법

방짜 놋숟가락은 양대 유기의 제작 공정과 거의 비슷하다.

부질, 단조, 가질 과정으로 진행되며 숟가락의 명칭과 가질 과정을 중요한 부분이라 볼 수 있다. 현재 유기장 이봉주 씨와 용인민속촌의 김정환 씨가 이 과정을 재현하고 있다.

제작 공정을 간략히 설명하면 다음과 같다.

합금하여 쇳물 붓기　양대 유기의 합금비와 마찬가지로 동 16냥 1근에 주석 4냥 5돈을 합금하여 숟가락 모양으로 파여진 물판에 붓는다. 이 때에 9개 정도를 한꺼번에 부어 만들 수 있으며, 이렇게 부어서 굳어진 숟가락형의 덩어리를 무데가락이라고 한다. 이 무데가락 1개의 무게는 보통 3냥 정도라고 한다.

숟가락총(총무디) 만들기　숯불에 잘 달구어진 무데가락을 쳐서 늘인다. 즉 윗대장은 총무디 망치로 쳐서 다듬고 아랫대장은 총무디 망치날로 쳐서 늘이게 된다.

초바닥 만들기　　순가락의 입 부분을 초바닥 또는 잎사귀라고 부르며 윗대장이 날로 때리고 아랫대장은 꼭두 부분으로 쳐서 초바닥을 잎 모양으로 차차 늘여간다.

총메 쌓기　　아랫대장이 순가락총을 메로 곱게 다진다. 아랫대장이 순가락총의 윗부분을 망치로 쳐주고 윗대장은 총의 옆부분을 두드린다.

뼈금질　　초바닥을 2개씩 포개 놓고 두드려서 넓히는 이 공정을 뼈금질이라고 한다.

가도리　　윗대장이 초바닥을 곱게 다듬고 두께가 일정치 않은 곳을 망치로 잘 펴주는 이 공정을 가도리라고 한다.

우김질　　초바닥을 오목하게 패인 우김돌에 대고 망치로 두드려서 오목하게 만드는 것을 말한다.

담금질　　우김질이 끝나면 순가락을 섭씨 400도 정도의 숯불에 달구었다가 찬물 속에 넣고 담금질을 한다. 담금질할 순가락을 숯불에 달구기 전에 간수칠을 하는데 이는 담금질 후에 순가락이 단단해져서 가질 작업을 수월하게 하기 위해서라고 한다.

벼름질　　담금질 때의 뒤틀린 형태를 다시 바로잡는 공정을 벼름질이라고 한다.

가질　　이렇게 해서 만들어진 순가락의 표면을 깎아서 마무리한다. 깔치판에 앉아서 발과 손으로 조절하면서 가질 작업을 한다. 이 때 발과 손의 조절이 숙달되어야 하므로 맨손, 맨발로 작업하는 것이 감각적으로 정밀하고 능률적이다.

우선 깔치판에 앉아서 나무판에 쐐기를 박아 순가락을 고정시키고 나서 옥이칼로 수저의 앞바닥을 깎는다. 이 작업을 앞바닥 겉목깎기라고 한다. 이것이 끝나면 뒤집어 걸림대에 쐐기로 고정시킨 뒤 뒷바닥 겉목을 깎는다. 이 공정을 뒷바닥 겉목깎기라고 한다. 다시 앞뒤 바닥을 재벌깎기하여 곱게 다듬는다.

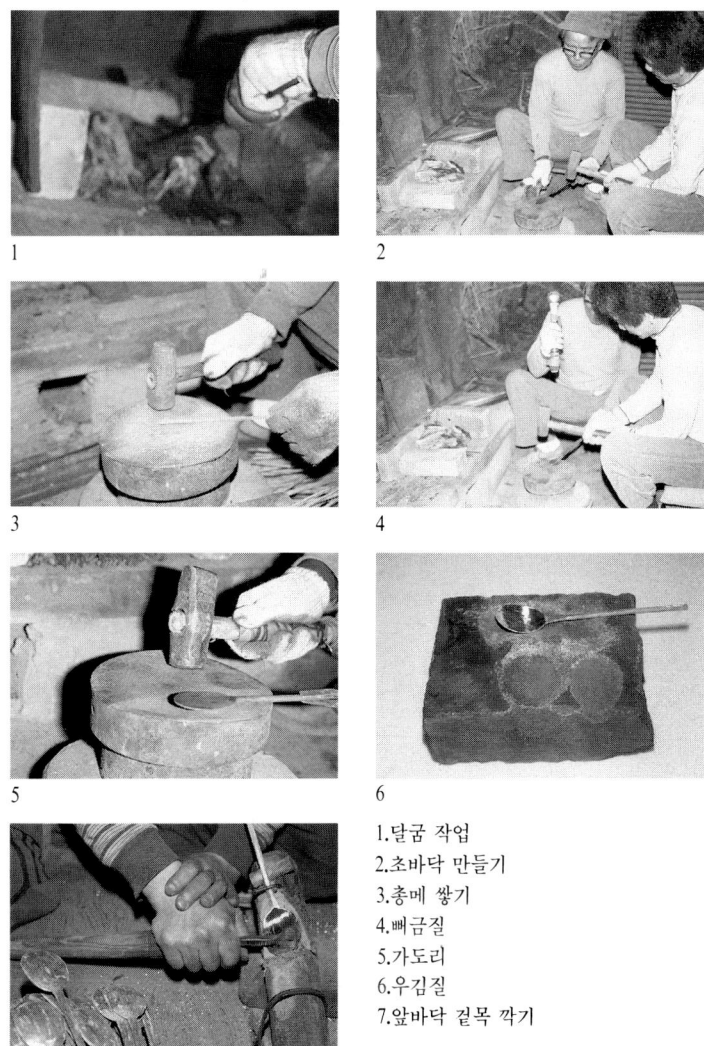

1.달굼 작업
2.초바닥 만들기
3.총메 쌓기
4.뻬금질
5.가도리
6.우김질
7.앞바닥 걸목 깍기

다음에는 소가죽으로 숟가락을 걸림대에 걸고 깎칼로 수저의 등허리를 깎아 다듬는다. 이 숟가락을 다시 겉모양 잡는 이을매틀에 대고 숟가락의 겉목(아시) 모양을 잡는다.

다음에는 총무디(총냉이라고도 함)의 길이가 일정하도록 정으로 쳐서 따내고 끝을 마무리한다. 정으로 끊어 낸 자리를 줄로 반듯하고 곱게 다듬는데 이 줄질을 메줄질(또는 총대질)이라고 한다. 그런 다음에는 평칼로 총냉이를 반듯하게 깎는다.

끝으로 날이 서 있는 숟가락의 모서리를 평칼로 긁어 매끄럽게 손질한다. 이 작업을 서슬 긁는다고 한다.

이런 작업이 다 끝나면 마지막 손질로 쇠기름에 석유를 섞은 광약으로 여러 번 문질러서 광을 내는데 이렇게 해야 훌륭한 놋숟가락이 만들어진다.

안성 유기의 내력

앞에서도 말했지만 우리나라의 식생활과 밀접한 식기로서 놋그릇을 빼놓을 수 없다. 아주 하층 계급이 아닌 이상 일반 가정에서는 반드시 놋그릇을 썼다. 물론 여름 한철에는 자기류 반상기를 쓰다가 김장을 앞두고는 넣어 두었던 놋그릇을 꺼내서 보얗게 광이 나도록 닦는 일이 빼놓을 수 없는 중요한 겨울 준비였다.

특히 예전에는 대가족제도였으므로 집안 어른 내외분의 진지 그릇부터 시작해서 손자 손녀의 밥그릇에 이르기까지 수많은 놋그릇을 닦는 일이 그리 쉽지는 않았다. 집에서 일하는 사람은 물론, 집안 여인들이 총동원되어 마당에 멍석을 깔고 죽 둘러앉아 놋그릇을 닦는 광경은 가히 우리나라에서만 볼 수 있는 독특한 풍속이 아니었나 생각된다.

또한 이처럼 놋그릇을 닦는 철이 되면 날씨가 아침 저녁으로 쌀쌀해져 가을의 문턱에 들어섰음을 실감하게도 된다. 이에 곁들여 제기(祭器)도 보얗게 닦아 두었다가 추석 차례, 기제사, 정월 차례 때 꺼내 썼다.

이처럼 일상 생활과 매우 친숙했던 놋그릇은 집안의 경제 사정과 지체의 높고 낮음에 따라 그 품질이 달랐다. 웬만큼 살림이 넉넉한 집안에서는 이른바 안성맞춤의 품질 좋은 방짜 유기를 썼다. 따라서 놋그릇의 질이 상품이냐 중품이냐 하품이냐에 따라 그 집안의 살림 형편을 알 수 있었다.

조선시대 순조 때 서유구가 지은 「임원십육지」에는,

"개성과 호남의 구례, 평안도의 정주 지방에서 유기를 생산하였으나 안성의 유기가 으뜸이다. 안성과 용인 및 장호원의 장터에는 안성에서 만든 유기가 많이 나온다."

라고 기록되어 있다.

안성은 본래 교통의 요충지여서 수공업이 발달하여 유기뿐 아니라 창호지, 고서적, 담뱃대 등도 유명했으며 남사당패의 발상지이기도 하다. 또 호남과 영남을 통하려면 반드시 거쳐야 하는 길목이었기 때문에 영, 호남에서 생산되는 특산물의 집산지이기도 했다. 따라서 상업과 교역(交易)의 중심지로서 크게 번창한 고장이었다.

또한 "안성장 윗머리냐"라는 말이 생겨날 만큼 안성장은 활기가 있었다. 특히 '안성맞춤'이라는 말이 생겨날 정도로 안성의 유기가 유명해서 각 지방 명문 호족들의 주문이 쇄도했었다. 안성유기가 이토록 명성이 높았던 것은 유기가 작고 아담할 뿐 아니라 견고하고 재질이 좋아 광채가 은은한 최상의 품질이라는 인정을 받았기 때문이다.

이북 산간 지방이나 영, 호남의 농촌에서는 보리밥을 주로 먹었기 때문에 밥그릇이 커야 했지만, 서울이나 지방의 명문 반가에서는 쌀밥이 주였기 때문에 밥그릇이 클 필요가 없었으므로 안성의 작고 아담한 아름다운 놋그릇이 인기가 있었다고 한다.

조선조 말기 안성에는 10여 군데의 유기 공장이 있었으며 서울이나 전국 각 지방의 부호들은 으레 안성의 맞춤 유기를 갖추었으므로 더욱 품질이 좋아졌고 공장도 번창했었다.

김태영 씨가 쓴 「안성기략(安城記略, 1924년)」에는,

"본군 공예품으로 수거(首擧)할 것은 유기이다. 그 유래가 구원(久遠)하야 상당한 발달을 치(致)하고 생산품도 거액에 달할 뿐 아니라 품질도 정교 견고하야 고래로 국내 도처에서 환영을 전(傳)하얏더니, 외래품의 도자기로 인하야 대타격을 수(受)하야 생산액이 축소되얏으나 상금(尙今)도 상당히 제조되며…"

라고 기록돼 있다.

이로써 알 수 있듯이 조선시대의 활발했던 안성 유기의 생산이 1900년대에 많이 쇠퇴한 데다 일제 말기의 유기 공출로 된서리를 맞은 격이 되었다가 해방과 더불어 다시 회생되어 반상기를 중심으로 유기 제작이 활발해졌다.

그러나 근대에는 생활 방식이 서구화되면서 생활 환경(주거 등)이나 생활 양식이 바뀌었고 새로운 식기가 다양하게 등장함으로써 일상 생활 용품으로서의 자리에서 물러나고 말았다.

유기 제품은 은은하고 품위가 있는 반면 자주 닦아야 하는 등 사용이 불편한 점도 있었으나 문화 수준의 향상과 전통미의 인식이 높아감에 따라 다시 찾는 손길이 많아지고 있다. 지금은 김근수 씨가 안성에서 주물 유기의 기능 보유자로 지정받아 그 명맥을 잇고 있다. 지난날의 활발했던 안성의 유기 산업은 '안성맞춤'이라는 말만 남기고 겨우 그 명맥만을 이어 가고 있는 실정이다.

유기의 종류

놋그릇이 조선시대에 들어오면서 왕실은 물론 양반집, 일반 중인(中人;서민)집에서까지 폭넓게 쓰이기 시작하면서 그 종류도 매우 다양해졌다. 이런 다양한 유기 제품은 크게 제기류(祭器類), 반상기류(飯床器類), 악기류, 불구류(佛具類), 생활 용기류로 나눌 수 있다.

물론 이런 다양한 제품들은 방짜 기법과 주물 기법으로 만들어졌다. 앞에서도 말했듯이 평북 정주에서 만든 놋상, 놋대야 등 큰 유기 제품에서부터 아주 작은 종지에 이르기까지 그 종류가 이루 열거하기도 어려울 만큼 다양했다.

제기류(祭器類)

제사 때 제상에 진설할 제물을 담는 놋그릇을 통틀어 '제기'라고 한다.

예로부터 우리나라 사람들은 하늘과 자연을 숭배하고 조상을

섬기는 것을 으뜸으로 알았다. 특히 조선조 때에는 유교를 국시로 하여 임금에 대한 충과 부모에 대한 효의 사상이 그 어느 시대보다도 숭상되었기 때문에 군왕은 물론 일반 서민에 이르기까지 조상에 대한 제례 의식만큼은 온갖 정성을 다해서 모시었다.

나라에서는 사직단에 제를 지내고 종묘에서 제례를 올리는 일이 크나큰 연례 행사였으며 일반 가정에서도 조상의 제사를 지내는 일이 그 집안의 가장 엄숙하고도 경건한 행사였다. 혹 살림이 궁색한 집안에서는 제상을 마련하기 위해 안주인이 머리를 잘라 팔아 제수를 마련했다는 이야기가 전해질 정도였다.

이토록 중시했던 소중한 제사 의식 중에서도 가장 장엄한 제사 의식은 아무래도 왕가의 제사 의식이라고 할 수 있겠다. 그런만큼 종묘제례 때 쓰이던 제기야말로 모든 유기 제품 중의 백미(白眉)라 할 수 있다.

종묘의 제기

종묘(宗廟)는 조선조 역대 왕의 위패를 모셔 놓은 왕가의 사당(祠堂)이다. 지금 이 종묘에는 정전(正殿)에 49위(位), 영녕전(永寧殿)에 32위, 공신당(功臣堂)에 84위의 왕과 왕비 그리고 일등 공신의 신위(神位)가 모셔져 있다.

옛적에는 이 종묘제례 때 왕이 친히 행차를 하게 되므로 그 규모나 절차도 크고 각별했던만큼 제례 때 쓰이던 제기의 종류도 엄청나다. 제례 때 쓰이던 제기의 종류는 약 30여 종이며 총 1만 3785점의 크고 작은 제기가 지금도 잘 보존되어 있다. 물론 이 제기들이 모두 유기 제품은 아니다. 대부분이 유기 제품이지만 종류에 따라서는 나무, 대나무, 옥석(玉石), 사기(砂器), 철로 만들어진 것도 많다.

이 많은 종류의 제기들은 양반가나 평민가의 제기와는 그 형태와 크기가 매우 다르다. 우선 형태가 다양해 코끼리, 소, 돼지, 양, 닭, 봉황새 등 짐승의 머리 모양이나 발 모양을 본떠서 기능을 살려 만든 것이 많다.

또 이런 형태에 따라 조각된 무늬도 다양하고 그 하나하나에 깊은 뜻이 담겨 있을 뿐 아니라 조형미가 매우 우수하게 표현되어 있다. 기능과 조형미를 최고로 표현한 이 제기들은 유기 특유의 은은한 광택과 더불어 높은 품위와 예술성을 풍겨 준다.

이런 제기류 외에도 종묘제례 때 쓰이는 용구들이 많다. 예컨대 제향 전에 왕이 손을 씻는 대야인 어관세이(御盥洗匜), 수저를 담아서 받쳐 들고 오는 유시접기(鍮匙楪器), 촛불의 심지가 타서 길어지면 잘라 내는 전촉자(剪燭子), 잘라 낸 초의 심지를 담는 그릇인 전촉기(剪燭器) 등 보다 거룩한 제례가 되게 하기 위해 세심한 데까지 신경을 썼던 선인들의 배려와 그 기능적 조형미에 대한 의식 그리고 장인들의 정교한 손길이 실로 놀랄 만하여 하나하나를 요모조모로 들여다보고 있노라면 찬탄을 금할 길 없다.

이런 제기들을 중요한 것만 추려서 살펴보기로 한다.

촛대(燭臺)　　좌우 1쌍

이(彝)　　술을 담는 항아리. 항아리 몸체에 봉황을 새긴 조이(鳥彝), 닭을 새긴 계이(鷄彝), 눈 모양의 무늬를 새긴 황이(黃彝), 낟알을 새긴 가이(斝彝) 등이 있다.

준(尊)　　역시 술항아리의 이름이며 소 등에 항아리를 올려 놓은 형상의 희준(犧尊), 코끼리 등에 항아리를 올려 놓은 형상의 상준(象尊)이 있다.

산뢰(山罍)　　이것도 술항아리의 이름이다. 산과 구름무늬가 새겨진 한 쌍의 항아리로 하나에는 청주를 담고 다른 하나에는 현주(玄酒)를 담아서 오향대제(五享大祭)마다 사용하였다.

착준(箸尊)　　문식(文飾)을 새긴 술항아리 이름으로 하나는 예재(醴齋), 하나는 명수(明水)를 담는다.

호준(壺尊)　완자무늬를 새긴 술항아리. 역시 한 쌍으로 하나에는 앙재(盎齋)를 담고 다른 하나에는 명수를 담았다.

작(爵)　술잔으로 기둥이 양쪽에 있고 삼발형이며 반드시 작판(爵板)이 따라다닌다.

향로와 향합　향로 뚜껑에는 용의 머리가 조형되어 있으며 삼발이다. 서쪽에 향로를, 동쪽에 향합을 놓는다.

용찬(龍瓚)　용찬반(龍瓚盤), 용작(龍勺), 울곤이라는 술을 계이나 조이에 용작으로 용찬에 붓게 된다.

궤(簋)　메를 담는 구형(球形)의 큰 그릇.

보(簠)　메를 담는 방형(方形)의 큰 그릇.

모혈반(毛血盤)　짐승의 털과 피를 담는 그릇으로 쟁반 모양이 있다.

간료등(肝膋䰝)　간을 담는 유기.

관지통(灌地筒)　큰 제상 앞에 따로 놓인 길쭉한 통.

형(鉶)　탕기처럼 둥글게 생긴 유기.

등(䰝)　다리가 있는 유기 탕그릇.

정(鼎)　다리가 달린 유기 솥으로 다리의 형상은 소, 양, 돼지의 머리와 다리 모양을 딴 우정(牛鼎), 양정(羊鼎), 시정(豕鼎) 등이 있다.

전촉기(剪燭器)　잘라 낸 촛불 심지를 담는 그릇.

서직기(黍稷器)와 서직시(黍稷匙)　익히지 않은 찰기장과 메기장을 담는 그릇과 숟가락.

종자(種子)와 종자우리(種子于里)　종지와 종지 받침.

운점(雲坫)　제기를 받치는 받침.

시접기(匙楪器)와 시저(匙箸)　수저를 담는 뚜껑이 있는 대접. 수저에 먼지가 들어가지 않도록 구멍을 뚫어 뚜껑을 달았다.

어관세이(御盥洗匜)　　제향 전에 왕이 손을 씻을 때 쓰는 유기 세수대야.

세첩(洗貼)　　제관이 손을 씻을 때 쓰는 그릇.

인자(引子)**와 추자**(推子)　　설찬(設饌)할 때 제기를 끌어당기고 뒤로 밀어 넣고 할 때 쓰는 기물.

중계우리(中桂于里), **약과**(藥菓)**우리, 다삭**(茶食)**우리**

　속절제(俗節祭;제삿날 외에 계절에 따라 지내는 차례 곧 설, 한식, 단오, 추석 등) 때 쓰이는 조과(造果), 유밀과(油蜜果) 등을 담는 굽이 달린 그릇. 이 우리의 특징은 접시 위에 음식을 괴는 높이만큼 우리가 달려 있어 괴는 데 편리하게 만들어져 있는 것이다.

난도(鑾刀)　　음복례(飮福禮) 때 고기 베는 데 쓰는 칼. 칼날 끝과 등에 방울이 달려 있다.

사대부가(士大夫家)의 제기

　사대부가 곧 양반댁의 제사는 그 의식이나 쓰이는 제기류, 진설하는 음식 등이 왕가의 제례와는 크게 차이가 있다. 그러나 사대부가에서는 관혼상제(冠婚喪祭) 중에서도 상제를 인륜의 대사로서 엄격한 규범 아래 치렀다.

　사대부가의 제기 역시 유기나 목기를 썼으나 대부분 유기를 많이 썼다. 다만 호남 지방에서는 목기를 많이 쓴 것 같다. 이들 제기는 종묘의 제기와는 달리 장식이 없는 단조로운 것이지만 그 기능만은 결코 손색이 없다. 사대부가 제기의 특징은 대부분 그릇 밑에 4~5센티미터 높이의 굽이 달려 있다는 점이다.

시접(匙楪)　　수저와 대접.

반기(飯器)　　제사 때 메를 담는 주발.

갱기(羹器)　　탕을 담는 그릇. 제사 때 쓰는 탕을 갱이라고 한 데서 온 이름.

유접자(鍮楪子)　　굽이 달린 높은 놋접시로 크기는 담는 음식에 따라 여러 가지가 있다.

유찜접시　　깊이가 조금 있는 놋접시.

유골접시　　과일을 괴어 담는 골이 진 놋접시.

편틀(餠板)　　편을 담을 때 쓰는 사각형의 굽이 달린 접시.

적틀(炙板)　　육류를 담는 장방형의 굽이 달린 접시.

포틀(脯板)　　포를 담는 장방형의 굽이 달린 접시.

제주기(祭酒器)　　주전자

제주잔(祭酒盞) 및 제잔대(祭盞臺)　　제사 때 술을 붓는 술잔.

제종지(祭鍾子)　　간장 등을 담는 조그만 종지.

향합(香盒)과 향로(香爐)

퇴주그릇　　제상에 올렸던 잔의 술을 따라 모으는 그릇.

모사기(茅砂器)　　모래를 담는 그릇. 모래를 담고 솔가지를 꽂기도 한다.

반상기류(飯床器類)

방짜 유기가 일상 생활에 폭넓게 쓰였던 것은 앞에서 설명한 대로 무엇보다도 식생활과 가장 밀접했기 때문이라고 본다. 본래 유기는 무독(無毒), 무취(無臭)의 무공해 금속으로서 직접 음식을 담는 식기로 요긴하게 쓰였다.

그 중에서도 특히 '반상기'라고 하면 예법과 범절에 맞춘 식생활 문화의 정수라 하겠다. 특히 어른을 모신 아낙네들에게 있어서는 어른께 공양하는 효도의 구체적 표현이기도 했다. 그래서 반상기를 간수하고 이를 쓸 때의 정성스런 마음이란 현대인으로서는 상상도

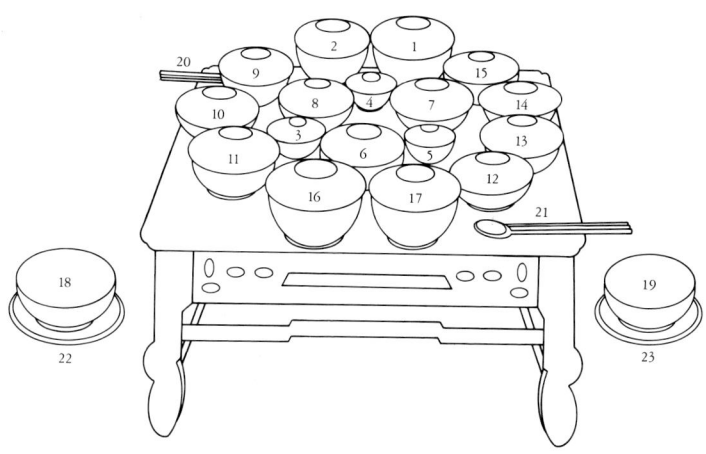

1. 밥그릇(남자) 6. 보시기(물김치) 11. 쟁첩(반찬) 16. 밥그릇(여자) 21. 수저
2. 국그릇(남자) 7. 조치(조림)   12. 쟁첩(반찬) 17. 국그릇(여자) 22. 쟁반
3. 종지(간장)   8. 조치(찌개)   13. 쟁첩(반찬) 18. 물대접(숭늉) 23. 쟁반
4. 종지(고추장) 9. 쟁첩(반찬)   14. 쟁첩(반찬) 19. 물대접(숭늉)
5. 종지(초장)   10. 쟁첩(반찬)   15. 쟁첩(반찬) 20. 수저

못할 정도였다고 한다. 그런만큼 지체 높은 집안일수록 반상기는
최고의 상품(안성맞춤의 유기)을 장만해서 썼다고 한다.

반상기는 첩반상기를 으뜸으로 친다. 첩반상기란 쟁첩(錚楪;반찬
을 담는 그릇)의 수효에 따라 3첩, 5첩, 7첩, 9첩, 12첩을 갖춘 반상
기란 뜻이다. 12첩 반상기는 궁중에서 임금님의 수라상에나 썼으
며, 9첩 반상기는 지체 높은 사대부집에서 썼고 일반 가정에서는
7첩을 넘지 못했다고 한다.

적어도 중류 이상의 가정이면 여름에는 시원한 사기 반상기를,
겨울에는 보온이 좋은 유기 반상기를 썼다고 한다. 같은 음식이라도
은은한 광택이 나는 품위 있는 반상기에 깔끔하게 차려 내면 훨씬
미각을 돋구었을 것이다. 놋그릇은 이처럼 식생활의 품격을 더해준
식생활 문화의 주역이었던 것이다.

유기 반상기는 형태에 따라 오목 반상기(옥바리 반상기와 옥반상

기)와 연엽 반상기, 합반상기로 나뉜다. 그 중 오목 반상기는 말 그대로 위가 좁고 속이 오목한 모양의 반상기이고, 연엽 반상기는 그릇 위가 바라지고 운두가 나직한 반상기를 말한다. 합반상기는 주로 여자들이나 어린아이들이 썼다.

임금님의 수라상에 오르는 반상기의 이름은 일반 사대부집에서 쓰는 명칭과 다르다. 예컨대 밥을 '수라', 밥을 담는 그릇을 '수라기'라 했고(사대부집에서는 밥을 진지, 밥그릇을 주발이라고 함) 탕 곧 국을 갱, 국그릇은 갱기라고 했다. 국물이 바특한 찌개나 찜 따위의 반찬을 '조치'라 하고 담는 그릇을 조치보(보통은 종지라고 하며 갱기 안에 들어갈 정도의 크기로 2개가 한 쌍), 김치 담는 그릇은 김치보라고 한다.

그 밖에 전골은 전골남비에, 반찬은 쟁첩(뚜껑이 있는 납작한 찬그릇)에, 찜은 조반기(朝飯器;꼭지가 있고 뚜껑이 있는 큰 그릇)에 담는다. 차수(茶水) 또는 숭늉은 다관(茶罐;찻주전자)에 담아 찻주발(찻종보다는 크다)과 함께 쟁반에 받쳐서 곁상에 올려 놓는다.

생활 용구류

위에서 살펴본 바와 같은 제기류, 반상기류 외에도 일상적인 생활 용구도 매우 다양하다.

「산림경제(山林經濟)」라는 옛 문헌을 보면,

"가중(家中)에 일용 기물을 하나라도 비치하지 못하여 매일 남에게 빌어 쓰는 것은 난처한 일이다. 형편에 따라 차차 장만하여 놓고 편리하게 써라."

라고 지적했다.

한 집안에서 쓰는 살림 용구는 그 종류가 매우 많았을 것이다. 대가족이 몇 대를 한집안에 살면서 대대로 물려가면서 썼을 터이니 축적된 살림살이가 많을 수밖에 없었을 것이다. 예컨대 살림 형편이 웬만한 집안 같으면 장독대의 장독만 해도 수십 개를 헤아릴 정도였으니 여타의 살림살이는 짐작하고도 남음이 있을 것이다.

실제로 생활 용구로 사용하던 유기 제품은 주중잡물(廚中雜物; 부엌의 살림 용구)을 비롯하여 등, 촛대, 문방 용구, 화장 용구 등 상당한 종류가 있었다.

그 몇 가지 예를 들면 다음과 같다.

부엌 살림 용구

부엌에서 쓰이는 유기 제품도 그 가짓수가 꽤 많다. 불과 30~40년 전까지만 해도 어느 집 부엌에나 있던 이런 부엌 살림이 지금은 거의 사라져 버려 그 이름조차 모르는 것이 많다. 여기 중요한 몇 가지를 소개하면 다음과 같다.

노구　　놋쇠나 구리쇠로 만든 솥. 주로 밥을 짓거나 국을 끓이는 데 썼다.

유당(鍮鐺)　　절에서 마지(摩旨;부처님께 올리는 밥)를 지을 때 쓰는 솥.

놋양푼(鍮涼盆)　　음식을 담거나 데울 때 쓰는 운두(높이)가 얕고 바닥이 편편한 둥근 그릇. 반병두리보다 크다.

주걱　　밥을 푸거나 죽을 쑬 때 또는 장을 담글 때 젓는 도구로 쓰기도 한다. 큰 것도 있고 작은 것도 있다.

놋약탕관(鍮藥湯罐)　　약을 달이는 그릇. 오지 약탕관도 있지만 놋약탕관도 있다.

놋동이(鍮東海)　　모양은 일정하지 않으나 일반적으로 둥글고 배가 좀 부르며 아가리가 넓고 운두가 나지막하고 밑바닥이 편편하다. 양옆에 손잡이가 달려 있어 들기 편하게 했다.

놋소래기　　굽 없는 접시처럼 된 둥글넙적한 그릇. '소래'라고 줄여서 부르기도 한다.

놋복자　　복자란 국이나 물을 뜰 때 쓰는 기구이며 흔히 국자 또는 구기라고도 한다. 둥글고 아가리가 넓은 그릇 모양에다 자루를 붙인 것인데 놋으로 만든 것을 놋복자라고 한다.

놋표주박(鍮瓢子)　　보통 표주박은 조롱박이나 둥근박을 반으로 쪼개서 만드는데 이것은 놋쇠로 표주박을 만든다. 표주박은 휴대하고 다니면서 물을 떠먹는 데 쓴다.

놋식칼(鍮食刀)　　부엌용 칼.

놋주발　　밥을 담아 먹는 식기. 앞에서도 말했듯이 조선조 중기 이후로 일반 서민 가정에까지 놋으로 만든 식기가 널리 보급되었다. 놋으로 만든 밥그릇을 주발이라고 한다.

놋수저(鍮匙箸)　　숟가락과 젓가락을 점잖게 일컫는 말이다. 상류층에서는 은수저를 썼지만 일반 서민들은 놋수저를 썼다.

놋보시기(鍮甫兒)　　김치, 깍두기 같은 것을 담는 작은 그릇을 보시기라고 하는데 놋그릇 반상기에는 보시기도 역시 놋그릇을 썼다.

놋대접(鍮大楪)　　위가 넓적하고 운두가 낮은 국이나 숭늉을 담는 그릇을 대접이라고 한다. 역시 놋그릇 반상기는 대접도 놋그릇이다.

놋종지(鍮鍾子)　　간장, 고추장 등을 담아서 상에 놓는 작은 그릇. 혹 깍정이라고도 부른다.

놋소접(鍮小楪)　　대접 모양을 한 작은 놋그릇.

놋주전자(鍮茶罐)　　차를 따라 마시던 그릇. 꼭지가 달린 뚜껑이 있고 잔대(盞臺)의 굽이 썩 높다.

놋전골틀　　전골을 끓이는 놋그릇. 벙거지 모양을 하고 있다.

새옹　　놋쇠로 만든 작은 솥. 배가 부르지 않고 바닥이 평평하며 전과 뚜껑이 있다. 흔히 새옹에 지은 밥은 새옹째 가져다가 상에 놓고 먹었으며 절에서 많이 썼다.

놋뱅뱅두리　　놋으로 만든 반병두리를 말한다.

유대합개구(鍮大盒盖具)　　합에 뚜껑을 한 놋그릇.

유병(鍮瓶)　　놋쇠로 만든 화병.

놋시루　　떡이나 쌀 등을 찌는 데 쓰는 둥근 놋그릇. 모양이 자배기 같고 바닥에 구멍이 예닐곱 개 뚫려 있다. 보통 시루는 흙을 빚어 만든 토기지만 각별히 놋으로 만들어 쓰기도 했다.

약탕기　　놋으로 만든 약탕기.

놋함지　　놋으로 네모지게 만든 함지박인데 운두가 좀 깊으며 밑은 좁고 위가 넓다.

문방 용구

문방(文房) 용품도 놋으로 만든 것이 꽤 많다. 역시 유기 제품이 일반화되면서 문방구도 놋으로 만들어 쓰게 되었다.

유필묵통(鍮筆墨筒)　　놋으로 만든 필묵통. 휴대용 붓통과 먹통이다. 여러 모양이 있으며 휴대하기 편하게 만들어져 있다.

휴대용 필통　　놋으로 대롱을 만들어 짧은 붓을 넣어 휴대하기 위해 만든 통이다. 보통은 먹통과 함께 붙어 있다.

놋연적(鍮硯滴)　　벼룻물을 담아 두는 놋그릇. 연적은 흔히 쇠붙이, 옥 등으로 만들거나 도자기로 만드는 것이 보통이다. 수승(水丞), 수적(水滴), 수중승(水中丞), 연수(硯水)라고도 한다.

놋붓꽂이(鍮筆架)　　붓을 걸어 놓는 기구. 필격(筆格)이라고도 한다.

놋서진(鍮書鎭)　　책장 또는 종이가 바람에 안 날리도록 누르는 물건. 보통 쇠, 돌, 나무 같은 것으로 만드는데 놋으로 만들어 쓰기도 했다. 흔히 문진(文鎭)이라고 한다.

놋벼루　　놋으로 만든 벼루를 말하는데 매우 희귀하다.

일반 생활 용구

그 밖에도 놋으로 만든 크고 작은 일반 생활 용구가 많다. 아주 작게는 장못(가구의 경첩을 박는 놋으로 만든 못)에서부터 큰 것은 황해도 지방의 둥근 놋소반에 이르기까지 매우 다양하다. 그 중 대표적인 몇 가지만 들어보자.

놋대야　　놋쇠로 만든 대야.

놋버치　　자배기보다 조금 깊고 큰 그릇.

요강(사랑요강, 안방요강)　　노인이나 어린이가 용변을 보는 변기로 보통 놋이나 사기로 만들었다.

화로, 가마화로　　숯불을 담아 방이나 마루 등 주거 공간의 난방용으로 썼다.

화젓가락(火筋)　　화로에 꽂아 두고 쓰는 쇠젓가락. 부젓가락 이라고도 하며 불을 헤치거나 재를 덮을 때 또는 불을 옮기는 데에 썼다.

장죽대(長竹臺)

가위(剪刀)

담배함과 재떨이

유두승곡(鍮斗升斛；되, 말)　　곡식이나 가루, 액체 따위의 분량을 재는 데 쓰는 놋쇠로 만든 되. 말은 열 되가 들게 나무나 쇠붙이로 원기둥꼴로 만들었다.

유등경(鍮燈檠)　　놋쇠로 만든 등잔 받침.

놋촛대(鍮燭臺)　　놋쇠로 만든 촛대.

등잔(燈盞)　　놋으로 만든 등잔.

놋거울(鍮鏡)　　놋쇠로 판판하게 만든 거울. 흔히 동경이라고 한다.

타구(唾具)　　가래침을 뱉는 작은 그릇. 여러 모양이 있으나 대개는 아래위가 넓고 허리는 잘록하게 만들었다.

매화틀　　가지고 다닐 수 있게 만든 변기의 하나 곧 휴대용 변기이다. 마유(馬瘉) 또는 측유(厠瘉)라고도 한다.

놋다리미

부손

놋자물통과 놋자물쇠

가구 장식　　금속으로 된 가구 장식을 장석(裝錫)이라고 하며 놋쇠, 주석, 백동, 철 등으로 만들었다. 장이나 문갑의 손잡이, 문짝의 장식, 장 앞판의 장식, 경첩 등 그 종류가 다양하다.

놋비치개　　빗살 틈에 낀 때를 빼거나 가리마를 타는 데 쓰는 뾰족한 꼬챙이 모양의 놋쇠. 뿔이나 뼈 또는 쇠붙이 등으로도 만드는데 한 쪽은 얇고 둥글며 한 쪽은 가늘고 뾰족하게 만든다.

면경(面鏡)　　얼굴이나 볼 정도의 작은 거울.

그 밖에도 귀이개, 족집게, 비녀 등도 놋으로 만들었으며, 생활용품은 아니지만 별전(別錢)이 있다. 별전이란 조선왕조 후기에 주화(鑄貨)의 견양(見樣;견본)이나 기념 화폐로 만든 엽전의 하나로 나중에는 주로 장식용으로 쓰였다. 또 점칠 때 쓰는 산통, 육효 등의 점구(占具), 무구(巫具) 등이 있으며 조선조 때의 암행어사가 차고 다니던 마패도 있다. 이 마패는 직경 10센티미터 가량의 둥근 패로서, 탐관오리의 간담을 써늘하게 했던 정의의 상징이기도 했다. 또 말을 탈 때 발을 얹는 등자(鐙子), 말 목에 달아 주던 말방울 등을 놋쇠로 만들기도 했다.

악기류

주로 농악기의 꽹과리, 징 그리고 불교에서 쓰는 바라 등이 있다. 이런 악기는 거의 다 방짜 기법으로 만들었다. 역대 유기장들의 독특한 기술로 만들어져 그 소리나 소리의 울림, 소리의 퍼짐이 뛰어나다. 이런 소리나 울림은 크기에 알맞는 두께 그리고 부위에 따라 다르며 음색의 조절이 자유자재한 것은 고도의 기술이 있기 때문이다.

중요한 악기의 종류는 다음과 같다.

징(鉦, 또는 大金)　라(羅) 혹은 금징(金鉦)이라고도 하며, 전(테두리)이 없는 대야 모양의 악기이다. 울 한쪽에 구멍을 내어 줄을 끼워 들고 채로 쳐서 소리를 낸다. 채는 나무자루에 탄력이 좋고 부드러운 헝겊이나 짚을 틀어 감아서 쓴다. 절에서 범패 의식 때 악기로 쓰기도 하지만 농악에서도 쓴다. 또 무악(巫樂)에서도 빼놓을 수 없는 악기이다.

꽹과리(小金)　방언으로 깽매기, 깽쇠라고도 한다. 농악의 주악기이다. 대금보다 훨씬 작고 채에 헝겊을 감지 않고 그냥 치므로 소리가 땡땡거린다. 농악에서는 농악대를 주도하는 필수적인 악기이다.

운라(雲羅)　아악기류의 하나로 작은 징 10개를 나무틀에 매달아 놓고 치는 악기이다. 소리가 맑으며 10개의 징 모양이 모두 같으나 각각 그 두께가 다르므로 음정과 음색이 모두 다르다.

자바라(啫哱羅)　제금 또는 '바라'라고 하며 '발'이라고도 쓴다. 배가 불룩하고 둥글넙적한 가운데에 손잡이 끈을 꿰어 두 짝으로 마주 쳐서 소리를 낸다. 태평소, 나팔, 징, 북과 함께 취타(吹打) 악기의 하나이다. 사찰에서 범패 의식 때 연주하며 무악(巫

樂)에서도 쓴다.

편종(編鐘)　　16개의 종을 상하 2단으로 매달은 악기이다. 종의 크기는 같지만 그 두께가 모두 달라서 치면 각기 다른 소리가 난다. 이 편종도 운라처럼 맑고 투명한 소리가 난다. 이 악기는 주로 문묘(文廟), 종묘의 제례악(祭禮樂)을 연주할 때 쓰인다. 또 낙양춘 PN10(洛陽春), 보허자(步虛字) 등의 음악을 연주할 때도 쓰인다.

특종(特鐘)　　역시 아악기의 하나로 아악을 연주하기 시작할 때 친다. 나무틀에 큰 종을 하나 매달아 놓은 악기이다. 역시 종묘, 문묘의 제례악에 쓰인다.

나팔(喇叭)　　국악기 중 유일한 금속 관악기. 한 음만을 길게 불어 내며 선율은 없다. 대취타나 농악을 연주할 때 분다.

영각(令角)　　지방 수령의 행차를 알리기 위해 불었다고 한다. 길이가 약 2미터 정도나 되는 긴 악기로서 입에 대고 부는 주둥이 부분과 몸통을 얇은 놋쇠로 만들었다. 역시 낮은 한 음만 길게 불어 내는 선율이 없는 악기이다.

농각(農角)　　주로 시골 마을에서 집회나 특별한 일이 있을 때 주민들을 불러 모을 때 쓰던 신호용 악기. 농악을 할 때도 불었다고 하며 길이가 약 2.5미터나 되는 긴 악기이며 몸체는 대나무이고 부는 주둥이 부분이 놋쇠로 만들어져 있다.

불구류(佛具類)

절에서 쓰이는 불구는 대부분이 놋 제품이다. 불단의 촛대, 향로를 비롯하여 의식 때 쓰는 금강저(金剛杵), 요령, 불단에 올리는 마지(밥)를 담는 불기(佛器)는 물론 처마 끝의 풍탁(風鐸;풍경이라고도 함)에 이르기까지 수없이 많다.

그 중 중요한 불구를 들어 본다.

여의(如意)　　독경, 설법 때 스님이 지니는 도구.

금강저(金剛杵)　　승려들이 수행 또는 의식을 집전할 때 쓰는 도구로 여러 가지 문양이 아름답게 새겨져 있다.

금강령(金剛鈴)　　보통 요령(搖鈴)이라고 한다. 역시 의식 때 쓰는데 손잡이나 손잡이 끝에 정교한 조각을 새겨 넣었다.

옥수기(玉水器 또는 爭甁이라고도 함)　　재(齋)를 올릴 때 음식을 담는 갖가지 크고 작은 그릇.

새옹　　작은 솥.

풍경(風磬)　　처마 끝에 다는 작은 종 모양의 경쇠로 '풍탁' 이라고도 한다.

그 밖에도 향로, 촛대, 향합, 대불기(大佛器), 소불기(小佛器), 발이(鉢伊), 바라, 징 등이 있다.

참고 문헌

송응성 「천공개물」
김원룡 「한국 고고학 개설」
김원룡 「한국 미술사」
황혜성 「한국 요리 백과사전」
김종태 「유기장 보고서」
염영하 「한국 종 연구」
전상운 「한국 고대 과학」
전상운 「한국 과학 기술사」정음사(1976)
박용전 · 진영철 공저 「주조 공학」기전연구사(1982)
신현택 · 김형자 공저 「금속 재료학」
김부식 저 김종권 역 「삼국사기」광조출판사(1972)
이석호 · 이학일 역 「동국세시기」「경도잡지」대양서적(1972)
고려대 민족문화 연구소 「대전회통」(1982)
서울대학교 간행회 「임원십육지」제2권
중앙일보사 「한국의 미」'23, 금속 공예'(1985)
문화재관리국 「종묘제기」
문화재관리국 「궁중 유물 도록」
문화재관리국 「무형문화재 대관」
한국정신문화연구원 「진연의궤」 II
한국 국악회 「한국 악기 대관」(1969)
전통 음악 연구회 「한국 악기」(1981)
경기도 안성군刊 「안성 유기의 전래」(1982)
「경국대전」일지사
「물명고 · 물보」경문사
「고려사」경인문화사
「한국 문화 대계」(고분금속), 예경산업사(1986)
「국립중앙박물관」통천문화사(1987)

빛깔있는 책들 101-2

유기

글	—홍정실
사진	—홍정실
발행인	—장세우
발행처	—주식회사 대원사
주간	—박찬중
편집	—김한주, 조은정, 표명희
미술	—김병호, 김은하, 최윤정, 한진
전산사식	—김정숙, 육양희, 이규헌

첫판 1쇄 —1989년 5월 15일 발행
첫판 6쇄 —2006년 1월 31일 발행

주식회사 대원사
우편번호/140-901
서울 용산구 후암동 358-17
전화번호/(02) 757-6717
팩시밀리/(02) 775-8043
등록번호/제 3-191호
http://www.daewonsa.co.kr

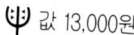 값 13,000원

Daewonsa Publishing Co., Ltd.
Printed in Korea(1989)

ISBN 89-369-0002-1 00380

빛깔있는 책들